W9-ALX-611

Les **100** personnages du **XX**e siècle

Rédacteur en chef : Franck Jamet.
Secrétaire d'édition : Catherine Pelché.

© Éditions France Loisirs, 1999.
123, bd de Grenelle, Paris.
www.franceloisirs.com

ISBN : 2.7441-3160-1
N° Éditeur : 32382

Les 100 personnages du XXe siècle

sous la direction de
Franck Jamet

avec la collaboration de
Ariane Molkhou, Hatem El Hicheri,
Anne-Cécile Guillotte

ÉDITIONS FRANCE LOISIRS

Préface

100, ils sont 100 à avoir marqué le XX⁰ siècle. Des peintres, hommes politiques, savants, acteurs, écrivains, religieux ou sportifs... Cela pourrait être un inventaire à la Prévert.

Des femmes et des hommes illustres qui ont souvent pour point commun d'avoir été frappés par une mort brutale au sommet de leur gloire. Le destin finit toujours par rattraper la légende.

Bien sûr, me direz-vous, il y a des oublis regrettables. Pourquoi un tel plutôt qu'un autre? C'est un peu comme lors d'une remise de prix, il y a toujours des mécontents. Ceux qui ont été choisis sont des novateurs, des précurseurs, des inventeurs, parfois les symboles d'une génération, d'un courant politique, d'un mouvement artistique. Au total, des personnalités charismatiques qui laissent dans la mémoire collective une trace de leur action ou de leur œuvre.

Reste le cas douloureux d'Adolf Hitler. Fallait-il le faire entrer ici? Oui, pour ne pas oublier qu'il reste le plus grand criminel de l'histoire de l'humanité, responsable du mal absolu.

Franck Jamet

Index

Dans l'ouvrage, les personnages apparaissent dans l'ordre alphabétique.

Les 100 personnages du XXᵉ siècle

Muhammad Ali (Cassius Clay)
(né en 1942)

*« Il est vilain et je suis beau, donc je dois gagner
contre le Gros Ours [Sonny Liston]. »*

Un jour, pendant l'année 1954, un jeune Noir en
pleurs fait irruption dans une salle de boxe. L'entraîneur, qui est aussi officier de police, écoute patiemment sa plainte. On a, dit-il, volé son vélo qu'il avait
négligemment laissé devant un magasin, le temps
d'acheter des bonbons. « Trouvez le voleur, demande-
t-il, ensuite je le rosserai. » Le coach est séduit par la
détermination de cet avorton et lui lance en guise de
boutade : « Apprends d'abord la boxe et ensuite tu
pourras te venger. » Le lendemain et les jours sui-
vants, le petit Cassius Clay devient un assidu du saut
à la corde et du sac de sable.

Le 25 février 1964, Cassius Clay doit affronter
Sonny Liston pour le championnat du monde des
poids lourds. L'événement est d'une importance capitale pour la suite de sa carrière. Le jeune prétendant
affiche une assurance déconcertante.

Cassius Clay utilise les médias pour invectiver son
adversaire, prôner la religion musulmane et crier sa
haine des Blancs. Il a délibérément choisi le personnage de l'affreux : l'antipathie attire l'attention du
public. Le jeune homme invente sa propre communi-
cation. Son éventuelle réussite engendrerait la gloire ;
sa défaite ferait de lui un objet de dérision. Le combat
offre l'opposition de deux styles ou plutôt de deux
époques : d'un côté la boxe rétrograde de Liston, de
l'autre l'agilité surprenante du futur champion.

Miami voit naître, à vingt-deux ans, le nouveau dieu des poids lourds.

Quelques semaines plus tard, Cassius Clay se convertit à la religion islamique et adopte le nom de Muhammad Ali. Derrière cet artiste du ring se cache un croyant sincère. En 1967, les autorités américaines l'appellent sous le drapeau pour accomplir son service militaire au Vietnam ; le champion, fidèle à sa foi, refuse. Les sanctions sont alors immédiates : le boxeur est condamné à cinq ans de prison et privé de sa licence sportive.

Ali peste contre l'*establishment* et vilipende les conformismes. Le combat est passé du ring à la scène sociale et politique. Son action galvanise le nationalisme noir. C'est la première fois qu'un pugiliste se transforme en homme politique. Vers la fin de sa carrière, le champion est frappé de la terrible maladie de Parkinson. Avec cinquante-six victoires en soixante et un combats dont trente-sept K.-O., il reste l'un des grands boxeurs de l'Histoire.

Yasser Arafat
(né en 1929)

« Je suis le leader du plus grand peuple de la terre. »

Militant exalté, terroriste repenti, président de l'OLP, Yasser Arafat est la figure emblématique du peuple palestinien. Coiffé d'un keffieh blanc et vêtu d'une tenue militaire, il a soigneusement construit son image de chef révolutionnaire.

Le premier combat de Yasser Arafat a lieu en mai 1948 lors de la création de l'État d'Israël. Il est, avec des milliers de Palestiniens, désarmé par les Arabes. Il ne l'oubliera jamais.

En 1950, ce jeune étudiant issu d'une puissante famille palestinienne (Al Husseni) retourne au Caire et termine ses études d'ingénieur. Il milite au sein de l'Union des étudiants palestiniens et combat au côté de l'armée égyptienne (affaire de Suez, 1956) mais est reconduit à la frontière une fois la guerre civile terminée. Arafat part au Koweït où il fonde, avec Salah Khalf et Khaled Hussan, El Fath. Ce mouvement entend libérer le peuple palestinien sans le soutien du monde arabe. En prônant la violence comme mot d'ordre, Arafat et ses amis font le choix du terrorisme.

Dans les années 60, les pays arabes ne peuvent plus ignorer la question palestinienne : ils créent l'OLP (1964) et le président égyptien Nasser reconnaît El Fath (1967). Un an après, Arafat participe à la bataille de Karameh en Jordanie (1968) durant laquelle les commandos palestiniens affrontent l'armée palestinienne.

Après cette démonstration de force, Arafat devient le chef des mouvements palestiniens et le président de l'OLP (1969). Ce personnage émotif, un brin mégalomane acquiert une assurance et une légitimité incontestées. En 1987, le mouvement de l'Intifada « la guerre des pierres » sévit dans les territoires occupés. Arafat condamne le terrorisme. Contesté par les mouvements extrémistes qui le jugent trop modéré, Arafat réussit pourtant à fédérer le peuple palestinien ainsi qu'une partie du monde arabe. Il propose la création d'un État démocratique en Palestine qui sera reconnu par l'ONU en 1988.

En s'inscrivant dans le droit international, l'OLP s'engage dans un processus de paix avec Israël mais entraîne une radicalisation de certains Palestiniens (mouvement du Hamas). Dans les années 90, Arafat se lance dans un processus diplomatique. Le 13 septembre 1993 a lieu à la Maison-Blanche, sous l'égide de Bill Clinton, une poignée de main historique entre Yasser Arafat et le président israélien Yitzhak Rabin. C'est un formidable espoir pour la paix. Un an après, Arafat reçoit le prix Nobel de la paix aux côtés de Simon Peres et de Yitzhak Rabin. En 1998, Arafat signe, sans grande conviction, les accords de Wye Plantation.

Échappant mille fois à la mort, Arafat n'a jamais cessé de lutter pour la libération de son peuple.

Louis Armstrong
(1900-1971)

« Ma trompette passe avant tout,
même avant ma femme. »

Tous les musiciens vous le diront : il y a la musique avant et la musique après Armstrong. Celui qu'on surnommait Satchmo a été le plus grand révolutionnaire qui soit en matière de musique. Louis Armstrong est né avec le jazz : il a inventé le solo, créé le rythme saccadé, encensé la trompette.

Originaire de La Nouvelle-Orléans, le jeune trompettiste se fait la main lors des enterrements et dans les fanfares. En 1920, il part à Chicago, accompagné de l'ami King Oliver et crée le *Creole Jazz Band* (1922-1924). De retour à New York en 1928, Armstrong joue avec l'orchestre de Luis Russel dans les bars clandestins où le charleston fait rage.

Il lance la mode du swing, juste au moment où la radio fait ses débuts. Cette dernière le popularise en passant des titres comme *After you've gone* ou *Rockin'chair*. Grâce à ses dons extraordinaires d'interprète et de compositeur, il devient, au début des années 30, le seul musicien de jazz à être reconnu mondialement. Ironie du sort pour cet artiste noir qui évolue dans une Amérique blanche et puritaine.

Il enregistre à cette époque ses plus grands succès : *Shine*, *Cornet Chop Suey*, *Muskrat Ramble*. À partir des années 50, il délaisse les grands orchestres pour des formations plus intimes (*The All Stars*). Il accompagne, alors, de grandes chanteuses de blues comme Ella Fitzgerald (*Summertime*, 1958).

Trompettiste de génie, Louis Armstrong se révèle être un merveilleux chanteur. Il reprend *La Vie en rose* d'Édith Piaf, crée l'événement avec *C'est si bon* et enthousiasme le public en 1968 avec *What a wonderful world*. Son succès incontesté lui vaut de jouer dans plusieurs films dont *Artistes et modèles* (1938), *The High Society* (1955) avec Grace Kelly, *Paris Blues* (1961) avec Sydney Poitier et Paul Newman et *Hello Dolly* (1969) avec Barbra Streisand. Louis Armstrong a envoûté le monde d'une harmonie nouvelle, aux accents parfois tragiques (*I can't give you anything but love, Moses*).

Il y a dans sa musique l'esprit d'un grand créateur, d'un pionnier. Ce personnage a conquis le public grâce à sa formidable présence sur scène et son sens du rythme. Il a guidé et influencé tous ceux qui le suivirent, de Duke Ellington à Miles Davis.

Neil Armstrong
(né en 1930)

« C'est un petit pas pour l'homme,
mais un grand bond pour l'humanité. »

21 juillet 1969, 3 h 56, le monde retient son souffle. Un moment historique dans l'histoire de l'humanité a lieu. Sous les yeux émerveillés de six cents millions de téléspectateurs, l'astronaute américain Neil Armstrong, chef de la mission Apollo-11, sort de la capsule spatiale et pose son pied gauche sur la surface désertique de la Lune. En foulant le sol lunaire, à 385 000 km de la Terre, Armstrong réalise l'un des rêves les plus fous de l'homme.

19 minutes plus tard, Armstrong est rejoint par son collègue Buzz Aldrin. Les deux compagnons, plutôt deux balourds aériens, marquent le sol vierge de l'empreinte de leurs *moon boots*. Le troisième membre de l'équipage, Michael Collins, pilote du vaisseau Apollo-11, reste, lui, en orbite autour de la Lune. De retour aux États-Unis, les héros de cette équipée historique reçoivent un accueil triomphal, digne des grands héros de la nation américaine.

Cet exploit technologique et scientifique unique est le résultat d'un gigantesque effort financier et scientifique articulé autour d'une organisation rigoureuse et informatisée. Le programme Apollo (jusqu'à Apollo-11) a coûté vingt et un milliards de dollars et mobilisé quatre cent dix mille personnes. Ce projet de la NASA aura mis huit ans à se concrétiser. C'est le 25 mai 1961, lors d'un discours devant le Congrès, que le président des États-Unis, John Fitzgerald

Kennedy, lance le programme Apollo : « *Je crois que notre nation doit se consacrer à l'objectif qui consiste à faire atterrir un homme sur la Lune...* » Défi à la Lune, mais surtout à l'Union soviétique.

En effet, cette nouvelle orientation de la politique spatiale américaine est une réponse aux succès spatiaux de l'URSS : les Soviétiques ont lancé le premier satellite Spoutnik autour de la Terre (1957) ; et surtout le premier homme dans l'espace, Youri Gagarine, en 1961. Le vol de Gagarine est ressenti par les Américains comme un Pearl Harbor scientifique. Les États-Unis craignent que l'URSS contrôle l'espace et installe une base militaire sur la Lune. En pleine guerre froide, il faut que l'Amérique retrouve la première place dans la conquête spatiale. Les programmes américains Mercury et Gemini fonctionnent parfaitement, préparant le terrain à la mission Apollo-11.

Cet exploit extraordinaire ouvre la voie à d'autres défis intergalactiques... Rendez-vous peut-être en 2030 pour les premiers voyages sur la planète Mars...

Brigitte Bardot
(née en 1934)

« *Je n'ai besoin de personne en Harley Davidson.* »

En 1949, Brigitte Bardot a tout juste quinze ans. Elle pose en couverture du magazine *Elle* et, pour préserver le nom de sa famille, utilise ses initiales : BB. Quelques années plus tard, elle joue les starlettes à Cannes (1953) et tourne dans *le Fils de Caroline chérie* (1954). Le public, médusé, découvre cette jeune femme blonde à la beauté radieuse qui se dévoile sans compter. Ses apparitions et son franc parler vont en faire le symbole, malgré elle, de la femme libérée.

1956 : Dieu créa la femme et Vadim envoûta Bardot. Le metteur en scène qu'elle épousa quatre ans auparavant lui offre dans ce film (*Et Dieu créa la femme*) un de ses plus beaux rôles. Elle irradie de sensualité, apparaît comme la femme lascive et scandaleuse qui ose danser presque nue. Brigitte Bardot, érotique et amoureuse, suscite de violentes passions. Le cinéma international s'en empare, le grand public, fasciné, crée le mythe et BB devient l'étoile du cinéma français. Poursuivie de toute part, elle trouve refuge dans sa propriété, La Madrague, et lance, par la force des choses, la mode de Saint-Tropez. Elle a des amants célèbres (Jean-Louis Trintignant, Sacha Distel...) et se marie pour la deuxième fois avec le producteur Jacques Charrier.

À partir des années 60, elle multiplie les films et s'essaye à tous les genres cinématographiques : le film noir avec *la Vérité* (1960) de Georges Clouzot, puis le cinéma de la Nouvelle Vague. Elle tourne alors dans *Vie privée* (1962) et *Viva Maria* (1965) de Louis Malle et surtout dans *le Mépris* (1963) de Jean-Luc Godard qui la compare à une « Ève des temps modernes ». Elle tourne ensuite *Masculin féminin* (1966) du même réalisateur. En 1971, elle incarne une des *Pétroleuses* avec Claudia Cardinale et fait toujours figure de sex-symbol. Puis la France lui offre de poser pour le buste de Marianne (1973). Une première puisque aucun modèle vivant n'avait encore jamais posé.

Brigitte Bardot, image de la femme sensuelle, désirable et insolente aura conquis par sa beauté l'ensemble du cinéma des années 60. Délaissant le cinéma, elle se lance dans un nouveau combat et milite aujourd'hui pour la défense des animaux. Bardot s'est libérée d'un monde qui la consacre pourtant comme une légende.

Maurice Béjart
(né en 1927)

« ... l'hymne de cette union de l'homme
et de la femme au plus profond de leur chair,
union du ciel et de la terre, danse de vie et de mort,
éternelle comme le printemps. »

« J'ai fait de la danse par hasard. Je voulais faire du théâtre. » Maurice Béjart, fils du philosophe Gaston Berger, naît le 1er janvier 1927 à Marseille. Devant sa santé fragile, les médecins conseillent à ses parents de lui faire donner des leçons de danse. Le déclic est donné. Dès la seconde séance, il imagine des pas de deux. C'est en dansant qu'il apprend son métier de chorégraphe. Parallèlement, il dévore la littérature française, allemande, anglaise. À dix-neuf ans, il monte à Paris et fait ses débuts, d'une compagnie à une autre, en France, en Angleterre, en Suède.

Avec la découverte de la musique contemporaine, sa première chorégraphie *Symphonie pour un homme seul* (1955), révèle sa personnalité et son inspiration. Il devient directeur du Ballet-Théâtre de Paris et *le Sacre du printemps* (1959) confirme sa modernité : l'expressivité du corps humain comme support d'un art nouveau.

Le succès, mais aussi les polémiques l'entraînent à Bruxelles où il fonde le Ballet du xxe siècle. En 1961, sa mise en scène du *Boléro* de Ravel lui vaut le Grand Prix du Théâtre des Nations. Revisitant les mythes fondateurs de notre civilisation, *Don Juan* (1961), *la Damnation de Faust* (1964), *Roméo et Juliette* (1966) notamment, il introduit aussi dans ses spectacles des mouvements et des pas issus de folklores très différents, de la Méditerranée à l'Extrême-Orient.

À l'image de la première école Mudra qu'il fonde en 1970 afin de former danseurs et chorégraphes, la création est un dialogue. Sur scène, les gestes doivent naître des passions et non d'un langage codé. Jorge Donn, Rudolf Noureev, Patrick Dupond, parmi les plus célèbres danseurs, seront les instruments autant que les inspirateurs de cette grâce et de cette émotion offertes aux spectateurs. *L'Oiseau de feu* (1970), *le Molière imaginaire* (1976), *Messe pour le temps futur* (1983) sont joués dans le monde entier.

Adulé, discuté, ce Picasso de la danse contemporaine nous est également devenu familier grâce à la télévision. Qui n'a pas déjà aperçu sa légendaire barbichette et son regard de faucon? Alors que le Ballet de l'Opéra de Paris redonne encore sa *Neuvième Symphonie* en mai 1999, il est fort à parier que Monsieur Béjart n'a pas fini de nous étonner.

Léon Blum
(1872-1950)

*« C'est tout un abîme de félonie et de scélératesse
qu'on voyait s'ouvrir devant soi. »*

Homme politique et homme de plume, Léon Blum
est avant tout un esthète, une conscience, avide de
justice et de morale. Disciple de Jean Jaurès, artisan
du Front populaire, il incarne le socialisme dans
toute son exigence.

Cet ancien normalien mène de front une carrière
juridique et littéraire (collaborateur à la revue *Ruy
Blas*), renouant avec la longue tradition des écrivains-
hommes politiques (Victor Hugo, Lamartine...). Originaire d'une famille israélite, l'affaire Dreyfus trouve
une résonance particulière chez le jeune Blum. Sous
l'influence de Lucien Herr (bibliothécaire de l'École
normale supérieure), il devient socialiste.

En 1914-1916, Blum est chef du cabinet du socia-
liste Marcel Sembat et devient l'un des avocats de
l'Union sacrée. En 1920, ce brillant orateur est avec
Jaurès le principal interlocuteur du congrès de Tours.
Il s'oppose violemment à la transformation de la
SFIO en SFIC. Les communistes le haïront toujours.
Devenant naturellement le président du groupe par-
lementaire socialiste, Blum est député en 1929.

En 1936, alors que deux millions d'ouvriers sont en
grève, Blum est élu président du Conseil et forme le
Front populaire. Son gouvernement sera contesté par
les communistes et l'extrême droite qui n'accepte pas
ce premier président du Conseil d'origine juive. Très
vite, Blum agit et prend des mesures spectaculaires

(augmentation des salaires de 12 %, semaine de travail ramenée à quarante heures, deux semaines de congés payés). L'euphorie est à son comble mais ne dure pas. Léon Blum doit faire face à la guerre d'Espagne et vote, à contrecœur, le non-interventionnisme. Il se le reprochera toute sa vie.

Devant la montée des fascismes (le parti populaire de Jacques Doriot, les Croix-de-Feu), la dévaluation et la fuite des capitaux, le gouvernement Blum ne tient plus ; il est renversé en 1937. L'aventure qui fait figure d'avancée courageuse n'aura duré qu'un an. En 1938, il tente de revenir, en vain, avec un gouvernement qui irait de Thorez à Marin. Condamnant le pacte de Munich — « le lâche soulagement » — Léon Blum fera partie le 10 juillet 1940 des quatre-vingts parlementaires qui refusent de voter les pleins pouvoirs au maréchal Pétain. Arrêté par le régime de Vichy, il est jugé au procès de Riom (1942) où il prononce un admirable réquisitoire. Blum est livré aux Allemands puis déporté.

Libéré par les Américains, Léon Blum continue de jouer un rôle dans l'avènement de la IVᵉ République. Il aura été un chef de parti malmené et courageux comme le sont les novateurs.

Björn Borg
(né en 1956)

« Il est injouable. »
Éric Deblicker

Avec ses yeux bleus, ses cheveux longs retenus par un bandeau et sa tenue blanche, Björn Borg ferait presque penser à un ange. Il n'en est rien. Son jeu est meurtrier, son style indépassable. C'est le seul joueur à avoir remporté six fois le tournoi de Roland-Garros et cinq fois celui de Wimbledon. Vainqueur en 1975 de la coupe Davis, il est une grande légende du tennis.

À dix-huit ans, Borg dispute son premier match à Roland-Garros contre le Français Caujolle. Il perd les deux premiers sets. On le croit endormi. Puis, contre toute attente, il se redresse et gagne le 3e set. Il n'en perdra plus jamais. Son jeu, basé sur le lift, est intensif, offensif. Il projette ses adversaires au fond du court. Personne ne lui résiste sauf peut-être l'Italien Panatta qui remporta un set.

Son entraîneur Lennart Bergelin lui impose un entraînement sévère qui ne tarde pas à en faire le joueur invincible des années 70-80. Le style Borg, c'est 3 sets à 0 ou presque... Ses adversaires font figure de pantins, courageux la plupart du temps mais épuisés à chaque fois. On les dit terrassés, abattus. L'Argentin Guillermo Vilas ne s'en remettra jamais. Il souffre du « complexe Björn Borg » avouera son entraîneur.

Lors de la finale du tournoi de 1974, Borg joue contre l'Espagnol Orantes et monte à la volée quand le public le croit à bout de forces. Son revers à deux mains lui donne une puissance considérable. En 6-0, 6-1, 6-0, Borg gagne le match et devient le plus jeune joueur à avoir remporté un tournoi du grand chelem. Nous sommes le 16 juin 1974.

Dès lors, ce bel athlète, devenu l'idole des jeunes filles, devient un champion qui force l'admiration du public comme de ses adversaires. En 1975, il perd un set en demi-finale (le seul de sa carrière) contre l'audacieux Panatta et remporte la finale contre Vilas (6-2, 6-3, 6-4). Après une parenthèse de deux ans, Borg revient à Paris en 1978 et bat tous les joueurs à plates coutures. En finale, il retrouve Vilas qu'il bat 6-1, 6-1, 6-3. Celui-ci est effondré. Borg est le maître absolu.

En 1979, le public parisien espère le duel Borg/Connors qui n'aura jamais lieu. Borg affronte en finale le Sud-Américain, Victor Pecci. Le Suédois vacille mais a raison du jeune importun. C'est son quatrième titre. En 1980, Borg est le seul joueur de l'histoire du tennis à avoir remporté trois tournois consécutifs à Roland-Garros. On le croit bon pour la retraite. Il remet ça en 1981 contre Lendl et gagne encore une fois mais cette fois-ci à l'issue d'un match difficile en quatre sets. Le public, lassé, encourage Lendl mais rend un dernier hommage au roi du tennis qui reste numéro 1 mondial jusqu'en 1991.

Jacques Brel
(1929-1978)

« Ne me quitte pas... »

Il y eut plusieurs Brel (le chanteur, le parolier, l'acteur) mais il n'y eut qu'une seule énergie, qu'un seul souffle capable de s'imposer ainsi. Hanté par la mort, la vieillesse et l'amour, Brel était un personnage hors du commun, tragique et grandiose.

Passez jeune homme, passez et ne revenez pas, lui dit-on à Bruxelles ou à Paris. Un accent belge, une façon ridicule de rouler les « r », un corps mal fait, maladroit. On le dirait sorti d'outre-tombe. Brel n'a rien du séducteur. Chanteur du dimanche, il s'essaye à des radio-crochets, écrit sans relâche et souffre en silence. Georges Brassens, enfin, l'encourage et lui fait enregistrer vingt-trois titres. Le producteur Canetti décide à son tour de lui faire enregistrer huit chansons dont *Sur la place* (1954). Brel travaille comme un fou et enregistre *la Valse à mille temps*. Avec *Ne me quitte pas,* il devient célèbre et reçoit un disque d'or. En 1959, le chanteur part en tournée et compose sans doute ses plus beaux titres (*Amsterdam, Mathilde, Ces gens-là, le Plat Pays*). Il est une star, déboule sur la scène, envahit l'espace, lève le poing, pleure, tout habité qu'il est par les démons de la création.

Échappant aux modes et au show-business, Jacques Brel rêve secrètement de partir (*Une île*), puis s'attaque aux bourgeois et à la sainte religion de la famille. En 1967, épuisé, il dit quitter la chanson et se tourne vers le cinéma (*Mon oncle Benjamin*, 1969, *l'Aventure c'est l'aventure*, 1972). Entre 1967 et 1968, il écrit, néanmoins, des chefs-d'œuvre de la chanson française (*La Chanson des vieux amants, Mon père disait, Vesoul*). Chantant l'amour comme personne, il se partage entre trois femmes (Marianne, Miche et Madly).

Puis un jour, c'est décidé, il quitte Paris et s'installe sur son île : les Marquises. Il y retrouve en filigrane sa jeunesse et sa vie. En 1977, les États-Unis lui décernent un disque d'or pour la chanson *le Moribond*. Mais Brel est fatigué, atteint d'une tumeur cancéreuse. Il disparaît en 1978 mais son public n'en croit rien et reste encore aujourd'hui « cœur en croix et bouche ouverte ».

André Breton
(1896-1966)

« La beauté sera convulsive ou ne sera pas. »

Pape du surréalisme, mouvement littéraire et artistique, André Breton a profondément modifié notre vision du monde et de la réalité. Ce poète révolutionnaire demeure encore aujourd'hui celui qui a voulu « changer la vie », redonner sa place à l'imaginaire et au rêve, être un éveilleur de l'inconscient.

Né dans l'Orne, le médecin André Breton est mobilisé pendant la Grande Guerre dans un centre neuro-psychiatrique. Il s'enthousiasme aussitôt pour les travaux de Freud. Ce qui le frappe chez le psychanalyste autrichien, c'est la nécessité d'aller au-delà de la conscience pour trouver la vérité de notre être. Il veut appliquer cette intuition à la création littéraire. Cette révélation conduit Breton à rompre avec le dadaïsme et à fonder le surréalisme.

Désormais, pour appartenir à ce cercle mystérieux, il faut s'émanciper des contraintes de la conscience pour remonter à la source du rêve, dans un monde imaginaire inexploré. Puis, en l'absence de tout contrôle de la raison, écrire automatiquement cette matière brute, chaotique, venue du tréfonds de l'inconscient. *Le Manifeste du surréalisme* (1924), instrument privilégié de cette connaissance de l'imaginaire, devient la bible de tous ceux qui s'opposent à l'empire de la raison et à la banalité du quotidien. Les adhésions au mouvement se multiplient : Aragon, Éluard, Desnos, Duchamp, Max Ernst, Miró, Man Ray...

Dans les années 20, Breton place le surréalisme sous le signe de la révolution. Il s'inscrit au parti communiste en 1927 et se prononce pour un « art révolutionnaire » qui transforme le monde. En vérité, il s'agit plus d'une révolte contre tout ce qui entrave la liberté, qui empêche la création : l'État, la patrie, la famille, la religion, la littérature traditionnelle, la prose classique... Une révolte qui peut prendre une forme plus brutale encore : « L'acte surréaliste le plus simple consiste, revolvers au poing, à descendre dans la rue et à tirer au hasard, tant qu'on peut, dans la foule. » Révolté, Breton l'est aussi politiquement lorsqu'il prend position contre les guerres d'Algérie (il signe le Manifeste des 121 contre la torture) et du Vietnam.

Avec son plus beau roman, *Nadja* (1928), André Breton transforme le récit. Il raconte sa rencontre fortuite avec une étrange femme qui l'incite à voir au-delà de la banalité du quotidien, et le guide vers l'amour et la beauté. *L'Amour fou* (1937) et *Arcane 17* (1944) confirment qu'André Breton est un monument de la littérature française. Mais qu'en reste-t-il au juste dans l'imaginaire collectif, en dehors de quelques « cadavres exquis » qui viennent animer nos soirées ?

Maria Callas
(1923-1977)

« Sa voix contient un peu de mordant
et toute la richesse de la clarinette. [...]
Elle flotte et s'enfle jusqu'à emplir toute la salle.
Elle nous touche droit à l'estomac. »

Toutes les comparaisons sont possibles. Mais la voix de la Callas, née Maria Anna Cécilia Sofia Kalogheropoúlos, est inclassable. Unique et mystérieuse comme tous les mythes, elle appartient désormais à la légende de l'opéra.

D'emblée, sa vie semble placée sous le signe d'un destin exceptionnel. Le véritable conte de fées d'un vilain petit canard obèse et myope, devenu en quelques années la plus belle voix du monde. Née à New York de parents grecs émigrés, c'est de retour en Grèce, berceau des dieux, qu'elle fait ses débuts. Sous l'exigeante férule de son premier Pygmalion, Elvira de Hidalgo, célèbre soprano d'avant-guerre, elle apprend sans relâche les grands rôle du répertoire lyrique. À quinze ans, la petite fille pauvre devient chanteuse et, en 1941, alors qu'elle remplace la cantatrice de l'Opéra d'Athènes, sa *Tosca* de Puccini fait un tabac et marque le début d'une carrière époustouflante.

Désormais sa vie se confond avec son art, tandis qu'entrent en scène deux mentors éblouis par les possibilités de cette voix qui couvre trois octaves. Un imprésario, Meneghini, qu'elle épouse en 1949, et un chef d'orchestre, Serafin, comme protecteur infatigable. En quelques années, la diva se mue en tragédienne de génie devant des spectateurs envoûtés, de New York à Paris, de Londres à Mexico. À l'instar de ces personnages légendaires qu'elle incarne si divinement, elle semble se consumer dans ses rôles. En quatre ans, de 1951 à 1955, elle jouera cent soixante-treize fois dix-huit héroïnes d'opéra. *Norma* de Bellini, *Médée* de Cherubini, *Traviata* et autre *Lady Macbeth* de Verdi, de célèbres destins, que la tension extrême de leur vie conduit à la mort.

Ce don qui la fait vivre la quitte subitement. En effet, à partir de 1957, sa voix se fragilise sensiblement. Chacune de ses apparitions est un combat. Elle tombe amoureuse d'un prince charmant, l'armateur Aristote Onassis. Mais cette passion n'empêche ni les scandales ni le déclin. Elle effectue une ultime et pathétique tournée mondiale en 1974. Une voix puissante et fragile s'éteint.

Albert Camus
(1913-1960)

« Je tire de l'absurde trois conséquences
qui sont ma révolte, ma liberté, ma passion. »

Écrivain de l'absurde et des révoltes qui en découlent, Albert Camus est sans doute l'un des plus grands écrivains français de ce siècle. Dramaturge, romancier et essayiste, il a pensé les atrocités du monde en humaniste et en homme libre.

Né en Algérie, dans un milieu modeste, et orphelin de guerre, Camus s'est formé loin des réseaux parisiens. Après des études de philosophie à l'université d'Alger, il devient journaliste à *Alger républicain*, puis à *Soir républicain*, après avoir passé deux ans au parti communiste et s'être occupé d'action culturelle.

Un roman, *l'Étranger*, et un essai, *le Mythe de Sisyphe*, publiés en 1942, révèlent l'écrivain. L'étranger, c'est Meursault, anti-héros passif et résigné qui ne cesse de faire le constat de sa distance avec le monde. Il est condamné à mort pour un meurtre qu'il n'a pas voulu, mais qu'il a bel et bien commis : le sentiment de l'absurde est omniprésent.

En France, l'écrivain joue un rôle actif dans la Résistance en s'occupant en 1944 de la publication du journal clandestin *Combat*, dont il devient le rédacteur en chef à la Libération.

Quittant *Combat* en 1947, il donne la priorité à son œuvre littéraire. La politique y a sa part. *La Peste* (1947) est un récit allégorique sur la Résistance et *Les Justes* (1949) pose le problème du terrorisme. Une question hante les personnages de Camus : a-t-on, même pour une juste cause, le droit de tuer? *L'Homme révolté* (1951) intente un procès aux idéologies. Camus distingue dans ce livre révolution et révolte. Cette dernière est pour lui l'accomplissement de la grandeur de l'homme. Enfin, ses nouvelles, *L'Exil et le Royaume* (1957), *la Chute* (1956) continuent d'explorer les thèmes du non sens.

Une question l'obsède : la guerre d'Algérie. Il condamne l'entreprise nationaliste du FLN et son choix terroriste aussi fermement que la répression aveugle. Il reçoit le prix Nobel de littérature en 1957. Le 4 janvier 1960, il meurt dans un accident d'automobile, lui qui disait, en recevant le prix Nobel, que son œuvre était « encore en chantier ».

Fidel Castro
(né en 1926)

« Un révolutionnaire ne prend pas sa retraite. »

Fils d'un riche planteur cubain, Fidel Castro s'engage dès l'âge de vingt ans dans la lutte révolutionnaire, et instaure une dictature communiste qui survit depuis plus de quarante ans malgré la chute de l'URSS. Longtemps adulé par les intellectuels occidentaux comme le révolutionnaire romantique, aujourd'hui considéré comme un dictateur vieillissant accroché à son trône, le Lider maximo demeure un mythe.

Cette image de guérillero héroïque, de Robin des Bois tropical naît le 26 juillet 1956. À la tête d'une poignée d'étudiants mal armés, Fidel Castro tente de renverser le dictateur Batista. Condamné à la prison, puis à l'exil, le jeune avocat Castro récidive en décembre. Il débarque, avec une centaine d'hommes, sur une des plages de la côte cubaine. Surpris par des soldats, le commando est décimé, à part douze rescapés dont Castro et Che Guevara qui organisent une armée rebelle. Des milliers de volontaires, paysans et étudiants, rejoignent la résistance castriste. L'insurrection gagne peu à peu toute l'île. Fidel Castro et ses *barbudos* (barbus) parviennent à s'emparer du pouvoir le 31 décembre 1958.

Soutenant un temps la révolution castriste, les États-Unis déchantent très vite. En effet, Castro nationalise les compagnies nord-américaines. Le président américain Eisenhower décrète un embargo économique sur l'île. Isolé, Castro se rapproche de l'URSS et proclame la Révolution socialiste. Après le débarquement raté de troupes anti-castristes dans la baie des Cochons (avril 1961) les relations entre les deux pays se détériorent définitivement. En octobre 1962, les Américains découvrent des missiles soviétiques sur l'île de Cuba. Sous la pression des États-Unis, les Soviétiques retirent leurs fusées. Les Américains maintiennent un blocus économique sur l'île. Castro en sort humilié.

Porte-parole de la lutte contre l'impérialisme yankee, Castro soutient les guérillas pro-communistes dans toute l'Amérique latine. Cuba, en adhérant au Comecon (marché commun des pays de l'Est), devient un satellite de Moscou. Cumulant tous les pouvoirs, Fidel Castro instaure un régime autoritaire. Si l'éducation et la santé sont gratuites, la pénurie, la corruption et la prostitution règnent à Cuba. Les usines sucrières fonctionnent au bois et les bicyclettes remplacent les bus. De plus, le démantèlement de l'URSS en 1989 réduit drastiquement les ressources économiques de l'île. Menacé par la faillite du pays, Castro fait quelques concessions : la « dollarisation » de l'économie en 1993, le renforcement du tourisme et l'ouverture des marchés privés. Il reçoit le pape Jean-Paul II en 1998 afin de sortir l'île de son isolement.

Malgré ses talents de grand communicateur, Castro ne parvient pas à dissimuler son despotisme et les milliers de prisonniers politiques qui croupissent dans les geôles de La Havane.

Louis-Ferdinand Céline
(1894-1961)

« L'amour, c'est l'infini mis à la portée des caniches. »

« Ça a débuté comme ça. » C'est par ces quelques mots que l'on entre dans le *Voyage au bout de la nuit*, chef-d'œuvre romanesque de l'un des plus grands écrivains de ce siècle. Louis-Ferdinand Céline, Rabelais de l'ère atomique, est l'inventeur génial d'une nouvelle forme d'écriture, poétique et enragée.

Né à Courbevoie, dans la banlieue de Paris, il prend pour pseudonyme d'écrivain le troisième prénom de sa mère, Céline. Pour échapper au destin de commerçant qu'on lui promet, il s'engage dans l'armée. Maréchal des logis durant la Guerre de 14, il connaît l'épreuve du feu sur le front des Ardennes. Blessé au bras droit et à la tête, la guerre le traumatise profondément. Pour lui plus jamais rien ne sera comme avant. Après un voyage à Londres et au Cameroun, il passe le baccalauréat, puis son doctorat de médecine en 1924. Spécialiste des questions d'hygiène, il voyage aux frais de la Société des Nations à travers l'Europe, l'Afrique et les États-Unis avant d'installer son cabinet à Clichy.

En 1932, il publie *Voyage au bout de la nuit*. Un pavé de 660 pages qui dénonce pêle-mêle la boucherie de la Grande Guerre, le colonialisme français, la robotisation des ouvriers et la misère atroce de la banlieue parisienne, roman autobiographique qui met en scène les aventures de Ferdinand Bardamu. Cet anti-héros est animé comme son créateur d'une haine viscérale de l'humanité. Une colère qui devient langage. Car le génie de Céline se trouve dans son style, cette petite musique au rythme haché qui fait danser la langue. Il crée un nouvel art d'écrire. Il utilise la langue orale, l'argot, invente des néologismes, transforme la phrase (hachée de points de suspension) en torrent, en éruption volcanique. Dans *Mort à crédit* (1936), le flot torrentiel de son verbe charrie des injures, un délire transcrit sur le vif.

Enragé de la littérature, Céline est un solitaire, il n'appartient à aucune bande, ne signe aucune pétition. Ses vociférations, sa haine de l'autre le conduisent à écrire des pamphlets antisémites (*Bagatelles pour un massacre*, 1937 ; *l'École des cadavres*, 1939 ; *les Beaux Draps*, 1940).

Pendant l'Occupation, Céline emboîte le pas de la collaboration culturelle avec l'Allemagne nazie. Puis le vent tourne, Céline fuit vers le Danemark en compagnie de sa femme Lucette et de son chat Bébert. C'est le début d'un long périple de Baden-Baden à Copenhague en passant par Sigmaringen, où il rencontre les hommes de Vichy en fuite. Après deux ans d'incarcération dans la capitale danoise, Céline revient en France en 1951. Il s'installe à Meudon, devient médecin et publie la chronique fabuleuse de ses plaintes et de ses rancœurs : *D'un château l'autre* (1957), *Nord* (1960), *Rigodon* (1969). Écrivain maudit, Céline vit en reclus dans un pavillon de banlieue, une tanière remplie d'animaux et de vieux souvenirs.

Coco Chanel
(1883-1971)

« La mode passe, le style reste. »

Gabrielle Chanel, dite Coco, ouvre sa première maison de couture à Paris en 1916 : elle ne sait pas encore qu'elle est en train de créer l'élégance française.

Travaillant jour et nuit comme « un insecte agrippé à sa tâche », Mademoiselle Chanel dessine des modèles raffinés et simples qui vont façonner la femme des années 30. Elle s'inscrit dans le mouvement de la libération des femmes. En 1934, son tailleur gansé en tweed rose fait le tour du monde. Encore aujourd'hui, il est pour toutes les femmes une promesse de séduction. Elle habille les plus grandes, de Marlene Dietrich à Romy Schneider. De son regard haut et froid, elle vous regarde, vous toise, révèle la femme qui est en vous.

Installée en plein Paris, au 31 de la rue Cambon, Coco Chanel croise Dalí, Colette, Picasso. Elle a, dit-on, de nombreux amants (le poète Pierre Reverdy, le comte de Westminster...). Pourtant, elle vivra toute sa vie dans une grande solitude. Son destin, bien que remarquable, ne l'empêche pas d'être dans sa vie privée « la plus désarmée des femmes ».

Dès les années 50, elle s'empare du jersey, crée la petite robe noire, lance le bleu marine et les pantalons de marin quand d'autres créent la minijupe (Louis Courrèges). Piquée au vif par le succès de certains couturiers, elle trouve dans son rival (Christian Dior) la volonté de se battre jusqu'au bout, d'inventer de nouveaux modèles. Irréductible et autoritaire, cette femme d'une énergie exemplaire s'éteint toute seule dans une chambre du Ritz.

Aujourd'hui, la maison Chanel est dirigée par le charismatique et très étrange Karl Lagerfeld qui a fait du mannequin Claudia Schiffer son égérie.

Mais Coco Chanel ne serait pas si célèbre si elle n'avait pas décidé, la première, d'associer son nom à un parfum (1921). Mélange de rose, de jasmin et de bois de santal, le N° 5 de Chanel, « un parfum de femme à odeur de femme », aura superbement marqué le siècle. Quelques gouttes suffisent, comme dit la légende, pour en sentir toute sa force et sa noblesse.

Charlie Chaplin
(1889-1977)

*« Je crois au pouvoir du rire et des larmes
comme contrepoison de la haine et de la terreur. »*

Au commencement du siècle, le cinéma est muet.
Les aventures comiques d'un vagabond hantent alors
l'écran sans paroles. C'est Charlot, alias Charlie Chaplin, le roi du burlesque, un monument du cinéma
mondial. En 1914, dans *Charlot et le parapluie*, Chaplin apparaît pour la première fois en costume de
Charlot : chapeau melon, grandes chaussures, pantalon en accordéon, petite moustache et démarche
de canard.

Né à Londres, Charlie Chaplin est profondément
marqué dans son enfance par la déchéance de ses
parents, artistes de music-hall. Il a vu sa mère som-
brer dans la folie et son père mourir d'alcoolisme. À
cinq ans, il monte sur scène pour remplacer sa mère
qui vient de se briser la voix et déclenche l'hilarité
générale. Il multiplie les petits boulots (garçon de
course, groom, employé, etc.) avant de devenir un virtuose de la pantomime. Au cours d'une tournée aux
États-Unis, il est engagé par Mack Sennett, le producteur du cinéma burlesque à Hollywood. Harold Lloyd,
Laurel et Hardy, Buster Keaton ont tous débuté dans
cette « usine à rire ». Entre 1913 et 1917, Chaplin
réalise plus de soixante courts métrages et devient
grâce à son interprétation de Charlot le comique le
plus populaire des États-Unis.

À partir de 1917, Chaplin décide d'avoir la maîtrise
totale de ses films. Acteur, réalisateur, scénariste,

producteur et diffuseur, il est tout à la fois. Il lui arrive même de composer la musique de ses films. En 1919, avec Douglas Fairbanks, David W. Griffith et Mary Pickford, Chaplin crée les Artistes associés, la première société de production indépendante. Désormais plus libre pour créer, Chaplin abandonne les gags grotesques pour un comique plus raffiné, plus réfléchi. Chaplin s'oriente vers un cinéma en prise directe avec les drames de son époque, et stigmatise les tares de notre société : le travail à la chaîne, la crise économique, la montée du nazisme. Derrière l'humour se cache la volonté de défendre l'opprimé : *la Ruée vers l'or* (1925), *les Lumières de la ville* (1931), *les Temps modernes* (1936). Avec *le Dictateur* (1940), le rire devient grave et dénonce l'oppression nazie.

En 1947, victime du maccarthysme, Chaplin s'exile en Suisse avec ses sept enfants et ne revient aux États-Unis qu'en 1972 pour recevoir un Oscar pour l'ensemble de son œuvre. Son cinéma prend de plus en plus des accents mélodramatiques. Dans *Monsieur Verdoux* (1947), Chaplin jette le masque de Charlot : son personnage, Henri Verdoux, assassine des femmes fortunées ; seule une jeune femme désespérée saura l'attendrir. Chaplin tourne encore *les Feux de la rampe* (1952), *Un roi à New York* (1957) et son dernier film *la Comtesse de Hong Kong* (1967). Il meurt la nuit de Noël 1977, laissant derrière lui un personnage universellement connu, Charlot, et une série de chefs-d'œuvre.

Winston Churchill
(1874-1965)

« La démocratie est le pire des régimes
à l'exception de tous les autres. »

Massif, engoncé dans sa parka, un cigare au bec, Winston Churchill incarne la résistance héroïque du peuple britannique face à la machine de guerre nazie. En faisant de Londres une citadelle imprenable, il montre qu'une démocratie peut vaincre la pire des dictatures. Personnalité hors norme, ce gentleman entre dans l'Histoire comme l'un des grands vainqueurs de la Seconde Guerre mondiale.

Né dans une famille de la bourgeoisie londonienne, le petit Winston est élevé exclusivement par une nurse, loin de toute affection maternelle. Officier de hussards en Afghanistan et au Soudan, puis correspondant de guerre, il est fait prisonnier en Afrique du Sud et s'évade. Devenu un héros, il se lance dans la politique. D'abord député conservateur, il rejoint les libéraux en 1904. Favorable au projet d'autonomie de l'Irlande, il préconise une réconciliation des catholiques et des protestants.

Plusieurs fois ministre, il adopte une politique très répressive lors de son passage au ministère de l'Intérieur (1910-1911) : il fait tirer sur des dockers de Liverpool en grève, recommande la stérilisation des simples d'esprit. En 1919, ministre de la Guerre, viscéralement anticommuniste, Churchill veut empêcher que la révolution bolchevique ne s'étende au Royaume. Il aligne vingt-trois mille soldats face aux grévistes. Favorable à une démocratie restreinte,

Churchill n'est pas favorable au vote des femmes ou des « pauvres gens incultes ». Il quitte les libéraux en 1922 pour réintégrer le giron conservateur. Ministre des Finances du cabinet Baldwin, il rétablit l'étalon-or (1925). Une mesure qui provoque déflation, chômage et de grandes grèves. Hanté par la menace révolutionnaire, il ne cède sur rien. Exclu du pouvoir après la défaite des conservateurs en 1929, il reste dix ans éloigné de la vie politique. Dès 1933, il s'inquiète de la montée du nazisme et préconise une politique de fermeté vis-à-vis d'Hitler.

Devenu Premier ministre et ministre de la Guerre, le 10 mai 1940, Winston Churchill incarne la volonté de l'Angleterre de détruire la tyrannie nazie. À partir du 7 septembre 1940, les Allemands bombardent toutes les grandes villes anglaises, causant des ravages dans la population. La bataille d'Angleterre commence. Face à ce blitz aérien, Churchill galvanise le courage de ses concitoyens. Dès lors, l'ensemble du peuple anglais fait corps derrière son chef de guerre.

Churchill n'hésite pas à faire bombarder la flotte française à Mers el-Kébir le 3 juillet 1940 après la signature de l'armistice par le maréchal Pétain et accueille le général de Gaulle. Lucide sur ce que sera l'après-guerre, il joue un rôle essentiel lors des grandes conférences inter-alliées (Téhéran en 1943, Yalta en 1945) où il décide avec Staline du partage des Balkans en zones d'influence. En juillet 1945, le peuple britannique choisit le travailliste Attlee pour le remplacer. La victoire des conservateurs en octobre 1950 lui permet de redevenir Premier ministre. Diminué par une attaque cardiaque, il abandonne le pouvoir et prend définitivement sa retraite politique. Il reçoit le prix Nobel de littérature en 1953 pour ses *Mémoires*.

Georges Clemenceau
(1841-1929)

*« La guerre ! C'est une chose trop grave
pour la confier aux militaires. »*

Celui qu'on surnomme le Tigre est un homme intransigeant, sectaire et tyrannique. Homme de gauche puis de droite, le personnage le plus détesté de France conduit, en 1918, la France à la victoire. Sa force de conviction et son énergie en font un homme politique exemplaire de ce début de siècle.

Élevé sous l'Empire, Clemenceau sera républicain. Viscéralement anticlérical, il incarne jusqu'en 1914 un radicalisme autoritaire. Ses interventions au Parlement sont redoutées. Il est « le tombeur des ministères ». Lorsque le scandale de Panama éclate (1892), Clemenceau est mis en cause et doit se retirer de la vie politique pour le plus grand bonheur de ses ennemis.

Il revient à la politique en défendant le capitaine Dreyfus. En 1902, lorsque la gauche s'installe au pouvoir (le bloc des gauches), il se montre très critique. Mis à l'écart, cet individualiste forcené est appelé au pouvoir en 1906 comme président du Conseil puis ministre de l'Intérieur. Partisan de la séparation des Églises et de l'État, il entend également mener une politique sociale. C'est le contraire qui se passera. Cet homme, qui se dit républicain, réprime dans le sang plusieurs mouvements sociaux : la révolte des vignerons du Midi et des ouvriers des carrières de Draveil en 1907, puis la grève des cheminots de Villeneuve-Saint-Georges en 1908. La gauche se sépare de lui. Jaurès le taxe de criminel. Renversé en 1909, sa virulence ne cesse pourtant de s'accroître. Il crée un journal *l'Homme libre* qui deviendra *l'Homme enchaîné* et condamne le pouvoir en place en train de perdre la guerre.

En 1917, Poincaré, qui le déteste, le nomme à la tête de son gouvernement. Clemenceau devient le Tigre, celui qui va dans les tranchées, restaure la confiance nationale, lutte contre le défaitisme et multiplie les attaques au front. Son programme se résume à « je fais la guerre ». Il arrête les pacifistes et les radicaux, réduit le Parlement à une chambre d'enregistrement. Clemenceau gouverne seul, faisant de ce régime une dictature dans les faits mais pas dans les textes. Son patriotisme, sa ferveur et le chef de guerre remarquable qu'il fut conduisent la France à la victoire. Clemenceau assiste à la conférence de la Paix et tient un rôle important dans le traité de Versailles (1918), trop peut-être. En 1919, « le père la victoire » est l'homme désigné pour succéder à Poincaré.

Incarnant l'autorité absolue, Clemenceau est devenu un homme de droite créant le gouvernement le plus réactionnaire qui soit : le bloc national. En 1920, il tombe devant Deschanel qui lui fait payer toutes les humiliations qu'il fit endurer aux parlementaires.

Colette
(1873-1954)

*« Venez mes bêtes, venez petits êtres discrets
qui respectez mon songe. »*

Colette et son grand amour Willy, Colette la scandaleuse, Colette et son personnage Claudine, Colette et ses chats... Il y a plusieurs Colette mais une seule figure féminine de la littérature française au XXe siècle : la Grande Colette, un écrivain chéri du grand public.

C'est à Saint-Sauveur, en Bourgogne, que grandit Colette. En 1892, elle débarque à Paris avec son mari Willy et un fort accent bourguignon. Au bras d'Henry Gauthier-Villars dit Willy, Colette fréquente le Tout-Paris des lettres et des arts. Ayant des gros besoins d'argent, son mari la pousse à écrire ses souvenirs d'écolière. Écrivain médiocre mais critique lucide, Willy corrige le style, trop lyrique à son goût, de *Claudine à l'école* (1900). Ce qui aurait pu être l'histoire d'une collaboration devient celle d'une spoliation : les trois premiers *Claudine* paraissent sous la seule signature de Willy.

En plus d'être infidèle, Willy la traite comme un « nègre » littéraire. Soumise, elle est sous le charme de ce mari volage qui lui fait connaître les plaisirs de la vie parisienne. Colette finit par se séparer de Willy en 1907.

Elle retrouve sa liberté de femme, connaît ses premiers émois homosexuels avec Missy, alias Mathilde de Belbeuf, fille du duc de Morny. Puis elle épouse l'écrivain Henry de Jouvenel, tendrement baptisé

Sidi, avant de succomber au charme du fils surnommé Bel-Gazou.

Séparée du tyran Willy, elle peut enfin signer ses premiers succès populaires avec *Chéri* (1920) et *le Blé en herbe* (1923). Dans *la Maison de Claudine* (1922) et *Sido* (1929) elle met en scène sa vie, réunit tous ses souvenirs d'enfance : le capitaine Colette son père, Sido sa mère, ses frères et sœurs, ses chats... Autobiographie et fiction sont mêlées, liées par une langue poétique nouvelle. Romancière prolifique, Colette multiplie les chroniques, les critiques dramatiques au journal *le Matin*, les conférences, les rôles au théâtre. Elle fait scandale en jouant, à moitié nue, la pantomime sur scène. Féministe, Colette ? Elle n'a jamais eu d'activité militante. Elle est simplement une brillante analyste de la féminité. Le lecteur est encore frappé par la place prépondérante que les bêtes occupent dans son œuvre. De quel animal n'at-elle pas parlé ? Colette leur a consacré une dizaine de volumes, des *Dialogues des bêtes* à *Chats*.

Comblée de gloire et d'honneurs, trônant à l'académie Goncourt, Colette reste l'un des écrivains les plus attachants du monde des lettres.

Marie Curie
(1867-1934)

« Être quelqu'un. »

Même si le couple Curie est indissociable, c'est Marie qui a reçu deux fois le prix Nobel pour ses découvertes sur la radioactivité. Cette scientifique hors pair trouve des applications en chimie, biologie et médecine, et fonde l'un des laboratoires de recherche les plus renommés dans le monde. Elle est encore aujourd'hui le plus célèbre des savants français du xxe siècle.

Née à Varsovie, Marie Sklodowska grandit dans un milieu cultivé. Son père, professeur de physique, lui apprend à jongler avec les molécules et les formules mathématiques. Douée pour les sciences, elle rejoint sa sœur aînée à la Sorbonne pour préparer une licence de physique.

En 1894, cette jeune Polonaise rencontre sur les bancs de l'université un autre fou de physique, Pierre Curie. Ils ne se quitteront plus. Cette histoire d'amour fusionnelle se nourrit d'une admiration réciproque. Ces deux cerveaux passent plus de temps au laboratoire que chez eux. Pierre enseigne la physique tandis que Marie se penche sur ses tubes à essai et autres cornues dans un hangar abandonné de l'École de Physique. C'est dans ce laboratoire de fortune, avec des moyens très modestes, que le couple découvre le radium en 1898. Ils sont alors récompensés avec Henri Becquerel, découvreur de la radioactivité, par le prix Nobel de physique en 1903. Marie devient la même année la première femme docteur ès science.

Nobélisés, célébrés dans le Tout-Paris, ils fréquentent le savant Paul Langevin, le sculpteur Rodin... Après la mort de Pierre en 1906, Marie Curie continue seule l'œuvre entreprise en commun. Elle reprend la chaire de son mari et donne le premier cours au monde sur la radioactivité à la Sorbonne. Ses recherches, notamment sur les propriétés des sources radioactives, sont couronnées cette fois-ci d'un prix Nobel de chimie en 1911. Une gloire internationale que la France ne ratifie pas, lui refusant l'entrée à l'Académie des sciences... sans doute parce que Marie est femme, étrangère et juive. Déterminée à développer toutes les applications de la radioactivité, elle fonde l'Institut du radium (1914).

Durant la Première Guerre mondiale, elle décide d'équiper des voitures avec des appareils à rayons X pour aller sur le front effectuer au plus vite des radiographies sur les blessés. Dans les années 20, sous l'impulsion de Marie Curie, l'Institut du radium poursuit la recherche sur les éléments radioactifs, lutte contre le cancer (radiothérapie) et mesure la radioactivité dans l'air (service de métrologie). Aujourd'hui, ce centre de recherche au rayonnement international est intégré au sein de l'Institut Curie.

Reconnue et célébrée, Marie Curie repose avec son mari au Panthéon depuis 1995. Les « amants du radium » sont à nouveau réunis, au-delà de la mort.

Dalaï-lama
(né en 1935)

« Ma religion est bienveillance. »

Grand maître spirituel, Tenzin Gyatso, le 14ᵉ dalaï-lama, représente le bouddhisme dans le monde. Chef politique du Tibet, il œuvre sans relâche pour défendre son peuple opprimé par la Chine. Ce partisan de la non-violence reçoit le prix Nobel de la paix en 1989 et connaît un succès considérable en Occident.

Tenzin Gyatso devient à cinq ans dalaï-lama, ce qui signifie qu'il est à la fois guide spirituel et dirigeant politique du Tibet.

Mais il est avant tout un moine soumis aux règles du bouddhisme tibétain. Il tire ses enseignements des paroles de Bouddha, le premier dalaï-lama, fondateur d'une spiritualité religieuse il y a 2 500 ans. Le but du bouddhisme est d'adopter un comportement non violent inspiré par l'amour d'autrui. Suivant que l'on fait de bonnes ou mauvaises actions (karma), on obtient des réincarnations différentes. Pour accéder à l'état de compassion absolu (l'éveil), il faut pratiquer des exercices de méditation.

Annexé par les communistes chinois en 1950, le Tibet est intégré de force à la Chine en 1959, obligeant le dalaï-lama à s'exiler en Inde. La révolution culturelle de Mao réprime toutes les manifestations de la culture religieuse tibétaine. Plus d'un million de Tibétains sont morts sous l'oppression chinoise depuis 1959. Au cours des années 90, le dalaï-lama s'est montré prêt à négocier avec la Chine pour mettre fin à la répression chinoise. Opposé à l'usage de la violence, il préconise une politique de compromis et réclame l'autonomie du Tibet. Le dalaï-lama ne ménage pas son temps ni sa peine pour plaider la cause de son peuple au cours de ses nombreux voyages en Europe.

Son combat pour le peuple tibétain ainsi que son enseignement font du dalaï-lama la figure religieuse la plus populaire en Occident. Avec 350 millions d'adeptes dans le monde, le bouddhisme attire plus que jamais inconnus et stars du show-biz (Isabelle Adjani, Richard Gere...). En phase avec la modernité, le bouddhisme propose un cheminement personnel : « Soyez votre propre maître. Vérifiez toujours par vous-même mon enseignement. » Face au pape considéré comme un indéracinable doctrinaire, le dalaï-lama apparaît comme un leader tolérant et généreux, respectueux de la liberté individuelle.

Salvador Dalí
(1904-1989)

« Dites du bien, dites du mal, mais toujours avec excès. »

Une lame de rasoir vient de trancher avec soin l'œil d'une femme. Quelques élégantes spectatrices s'évanouissent d'horreur. Cette scène du *Chien andalou* (1929) de Luis Buñuel fait scandale, révélant l'art subversif d'un jeune scénariste et peintre génial, Salvador Dalí.

Né à Figueras en Catalogne, Dalí entre à dix-sept ans à l'École des beaux-arts de Madrid où il fait systématiquement le contraire de tout le monde. Doué d'une imagination débordante, il rencontre les surréalistes en 1929 et pousse très loin l'exploration de l'inconscient. Il invente la méthode « paranoïaque-critique », pour intensifier ses facultés hallucinatoires et son propre délire d'interprétation.

Sa peinture est un spectacle, une force explosive. Il peint « à chaud » ses fantasmes les plus secrets : un univers fantastique où dominent l'érotisme et la mort, où surgissent dans de grands espaces désertiques des fourmis voraces, des éléphants aux pattes d'araignée, des personnages aux membres disloqués...

C'est en contemplant longuement un camembert particulièrement coulant que Dalí peint les célèbres montres molles dans *la Persistance de la mémoire* (1931). Dès lors, d'immenses formes flasques, soutenues par de fragiles béquilles, envahissent son œuvre (*le Grand Masturbateur*, 1931).

La rencontre avec Gala, première femme de Paul Éluard, change sa vie. Égérie lucide et vigilante, elle devient une source d'inspiration (l'*Angélus de Gala*, 1935). À partir de 1939, l'œuvre de Dalí sombre dans l'académisme. Reçu par le pape, il se convertit au catholicisme et aborde des thèmes religieux (*le Christ de saint Jean de la Croix*, 1951).

Son génie artistique passe souvent au second plan, derrière son excentricité. À New York, en 1934, il brandit un pain gigantesque de deux mètres devant des journalistes médusés. C'est le même homme qui donne des conférences revêtu d'un scaphandre et qui arrive à la Sorbonne dans une Rolls remplie de choux-fleurs. Il fait de très nombreuses déclarations notamment sur les propriétés magnétiques de ses moustaches.

Clown génial, Dalí se veut le grand dynamiteur de la réalité. Mais la normalité lui est indispensable. Désorganisateur, il a besoin d'organisation. Il s'affirme donc monarchiste et anarchiste, surréaliste et académique, athée et mystique. Il brouille les cartes et les étiquettes.

James Dean
(1931-1955)

« Vivre vite, mourir jeune et faire un beau cadavre. »
Nicholas Ray

Qui plus que James Dean a le pouvoir de faire autant rêver la jeunesse ? Acteur rebelle, personnage fragile, héros tragique : il incarne à lui tout seul les caractéristiques d'un mythe éternel.

Sa carrière cinématographique fut courte et marqua pourtant durablement les esprits. *À l'est d'Eden* (1954), *La Fureur de vivre* (1955), *Géant* (1956) ont suffi à faire de lui le porte-parole d'une jeunesse inquiète et révoltée. Adepte de la méthode Actors studio, James Dean joue des petits rôles à la télévision et au théâtre (*See the Jaguar*, *The Immoralist*). En 1954, Elia Kazan le remarque et lui offre le rôle de Cal Trask, un adolescent incompris et sauvage, dans *À l'est d'Eden*. Poupon, maladroit dans la vie, James Dean se métamorphose à l'écran et devient le séduisant jeune homme que l'on connaît, enjôleur à souhait, terriblement émouvant avec sa figure d'ange mélancolique.

Passionné de vitesse, il incarne avec d'autant plus de vérité le rôle de Jim Stark dans *La Fureur de vivre*. Il est frappant de voir combien les rôles qu'il interprète lui ressemblent. Les spectateurs ne s'y trompent pas, les teenagers s'identifient profondément à lui. « J'ai mis tout ce que j'avais dans celui-là » dira-t-il à propos de ce film. Le rôle de Jett Rink (*Géant*), personnage sombre et angoissé, est également l'exacte réplique de l'acteur, hanté depuis toujours par le souvenir de sa mère morte quand il avait neuf ans. Il devient l'ami intime de Natalie Wood au cours du tournage de *la Fureur de vivre*. Comme frappé par une malédiction, tous ces acteurs mourront de façon tragique (noyade, accident, assassinat).

Devenu une figure du cinéma américain, James Dean, dit Jimmy, va brutalement disparaître à vingt-quatre ans juste après le tournage de *Géant*. Le 30 septembre 1955, il se tue dans un terrible accident de voiture sur la route de Salinas. Sa mort a horrifié la jeunesse et le cinéma américain s'est trouvé orphelin de celui qui allait devenir une des légendes du siècle.

Lady Di
(1961-1997)

« La princesse Diana fut et reste une parfaite héroïne
des mythologies de cette fin de siècle. »
Serge July

Elle est ravissante, naïve et enjouée. Elle n'a que vingt ans et épouse le parti le plus prisé d'Angleterre : le princes Charles. Nous sommes le 29 juillet 1981. Seize ans plus tard, les foudres du destin s'abattent sur elle. Devenue princesse des peuples, reine des médias et beauté divine, lady Diana laisse derrière elle deux petits princes dans la douleur : ses fils William (quinze ans) et Harry (douze ans).

En disparaissant le 31 août 1997 dans un accident de voiture dans le tunnel de l'Alma, lady Diana plonge le monde en plein désarroi. À qui la faute ? entend-on ici et là. Le chauffeur ivre, surpris à plus de 193 km/h, les paparazzis qui la poursuivaient, les lecteurs qui en redemandaient ? Seule certitude : le sort, brisant la vie de celle qui connaissait enfin le bonheur, avec comme seul héritage le droit d'être une légende. Belle, riche et généreuse, adulée et solitaire, Diana est une princesse moderne dans ce qu'elle a de plus complexe et de plus tragique.

En 1981, la royauté accueille avec faste la jeune Diana Spencer. Très vite, Diana ne trouve pas en Charles l'amoureux qu'elle croyait avoir épousé. Il continue d'entretenir, en secret, une liaison avec sa compagne de toujours : Camilla Parker Bowles. Le carcan de la royauté, l'austérité de la reine mère sont un supplice pour cette jeune fille fragile. Dépressive, boulimique, mal aimée, Diana est prise au piège mais ne laisse rien paraître. Le monde entier croit encore au conte de fées.

Avec la naissance de ses deux fils, lady Di s'affirme et entend s'occuper personnellement de l'éducation de ses enfants. Dès lors elle ne va cesser de bousculer le protocole : elle danse dans des night-clubs, fréquente des pop stars : Mickael Jackson, Paul McCartney, Elton John... Le couple princier se déchire, les médias se délectent. L'épouse docile et maladroite se transforme, comme par miracle, en femme fatale. Elle est sur toutes les couvertures des magazines. En décembre 1992, Charles et Diana se séparent et divorcent en 1996. Diana, privée de son titre d'altesse royale, conserve celui de princesse de Galles.

Elle milite alors pour les plus démunis : les malades atteints du Sida, les enfants et surtout mène un virulent combat contre les mines antipersonnel. Sa douceur, son sourire, son dévouement en font une grande dame de la scène internationale. Elle est, dira Nelson Mandela, la meilleure ambassadrice d'Angleterre. En 1997, elle rencontre Dodi Al Fayed, playboy égyptien, fils du milliardaire Mohamed Al Fayed. Ils défrayent la chronique. On parle de mariage. Le temps ne leur a pas laissé le choix. Ils meurent ensemble dans ce terrible accident de voiture.

C'est sous le drapeau de la famille royale que Diana rentre au pays. Des milliers de roses l'attendent, offertes par un peuple bouleversé, grave et silencieux.

Marlene Dietrich
(1901-1992)

« Elle était tout ce que peuvent être la tentation
et la séduction sans l'amour. »
Jeanne Madou

Blonde sensuelle et tentatrice impunie, Marlene Dietrich est un ange libre, cruel et ensorceleur.

Fasciné avant l'heure, Josef von Sternberg la révèle, la transfigure, la mythifie. La fumée de cigarette laisse deviner une silhouette provocante. C'est Lola la chanteuse de cabaret qui vous transperce d'un regard. Marlene, actrice inconnue, évince d'un trait son partenaire, alors célèbre, Emil Jannings. *L'Ange bleu* (1930) galvanise l'Europe.

Chanteuse de night-club au côté de Gary Cooper dans *Morocco* (1930) et prostituée dans *Shanghai Express* (1932), Marlene est la femme svelte et sophistiquée des années 30. Un regard d'acier dessiné par des faux cils, une bouche relevée de rouge, des jambes infiniment longues qu'elle déplace avec agilité, Marlene joue de ses artifices avec merveille. Libre et émancipée, elle est *la* séductrice, qui attire autant qu'elle effraye. Elle sème le trouble sur son identité sexuelle, s'affichant tantôt en pantalon tantôt en jarretières de dentelle. Elle n'hésite pas une seconde quand Sternberg lui demande d'embrasser une femme dans *Morocco*. Marlene n'a rien à craindre. Tout relève, chez elle, du jeu. Un jeu qu'elle maîtrise à la perfection.

Insolente et détachée, elle mène sa carrière avec une incroyable rigueur et séduit la plupart des hommes qu'elle rencontre : Erich Maria Remarque, Jean Gabin, Fritz Lang, Yul Brynner, James Stewart...

Ses deux derniers films avec Sternberg sont des chefs-d'œuvre (*l'Impératrice rouge*, 1934, *la Femme et le Pantin*, 1935). Ils ne rencontrent pourtant pas le succès attendu. Lointaine, jugée trop artificielle, le public se lasse de Marlene Dietrich mais se souvient. Voix d'acier, refrains inoubliables, Marlene devient Lili Marleen, Marie Marie et subjugue le monde. Chanteuse envoûtante, actrice somptueuse, les nazis voient en elle l'incarnation du IIIᵉ Reich. Froideur, distinction alliées à une incroyable pureté : tout y est. Hitler la veut comme maîtresse. Elle refuse, et chante pour les GIs américains. Marlene Dietrich aura eu l'envergure et la grâce des vraies héroïnes.

Walt Disney
(1901-1966)

« Je m'adresse à l'innocence enfantine.
Le pire d'entre nous n'en est pas dépourvu. »

Walt Disney est sans doute le seul personnage au monde qui évoque autant les loisirs, l'enfance et le rire. Mickey, Donald et les autres ont conquis des générations, faisant de l'oncle Walt le dernier empereur d'Hollywood, le grand artisan d'une machine à rêves.

Créée dans les années 20 par Walt Disney et Ub Iwerks, la petite souris Mickey Mouse mettra quelque temps à trouver sa silhouette définitive. Rival de Felix le chat et amoureux transi de Minnie, c'est vêtu d'un chapeau de magicien que Mickey devient célèbre (*Fantasia*, 1940). Accompagné de son fidèle chien Pluto, Disney lance Donald Duck le canard grincheux, Picsou l'avare, les joyeux écureuils Tic et Tac...

Entre 1936 et 1941 le studio Disney connaît son âge d'or. Paraissent les dessins animés *Blanche-Neige et les Sept Nains*, *Pinocchio*, *Bambi*, *Dumbo*. Ces films qui plaisent aux enfants et aux adultes séduisent par la formidable magie qu'ils provoquent, faisant passer le spectateur du rire aux larmes. Les dessins animés Disney se construisent autour d'un seul thème : la famille. Les historiens, sociologues et psychanalystes ont été nombreux à se pencher sur ces films. Ils y ont montré comment le héros était à chaque fois interrompu dans son parcours : la pomme empoisonnée de *Blanche-Neige*, le nez à rallonge de *Pinocchio*, les oreilles gigantesques de *Dumbo*...

À la mort de Walt Disney, les portraits et autres nécrologies sont extrêmement élogieux. Personne n'ose dire l'autre vérité sur celui qui a le pouvoir de faire rêver le monde. Ce n'est que plus tard qu'on apprendra que Disney fut un patron tyrannique, réprimant, par exemple, la grève de son équipe en 1941. N'oublions pas non plus qu'il fut pendant vingt-cinq ans un agent du FBI, chargé d'informer les autorités des acteurs, scénaristes ou producteurs jugés subversifs, c'est-à-dire communistes.

À partir des années 50, la société Disney se lance dans la production de films (*Pretty Woman*) et crée toujours de nombreux chefs-d'œuvre : *les Aristochats*, *la Belle et le Clochard*, *Bernard et Bianca*. Aujourd'hui, le mythe Disney continue de fonctionner, générant un chiffre d'affaires époustouflant (22,8 milliards de dollars). En 1993 est sorti *Aladdin* et, en 1994, *le Roi Lion* a rapporté 800 millions de dollars. Disney s'est depuis lancé dans le marchandising, poursuivant sa volonté de conquérir le monde, comme il le fit avec les parcs Disneyland.

Au-delà de certains aspects contestables du personnage, Disney fut un formidable créateur, un magicien parmi les hommes.

Marguerite Duras
(1914-1996)

« Écrire c'est aussi ne pas parler. C'est se taire.
C'est hurler sans bruit. »

Prix Goncourt pour son best-seller *L'Amant*, Marguerite Duras a construit une œuvre polymorphe (littérature, théâtre, cinéma) mariant, à travers une écriture dépouillée, autobiographie et fiction. Avec elle, le langage n'est plus l'expression d'une pensée mais le reflet des états d'âme, du silence et des non-dits.

Née à Gia-Dinh en Indochine, Marguerite Donna-dieu conserve des dix-huit premières années de sa vie passées en Extrême-Orient un souvenir qui imprègne toute son œuvre. La chaleur tropicale, la population blanche, riche et désœuvrée, côtoyant le spectacle quotidien de la misère et de la faim, la figure de la mère ruinée... Autant de thèmes qui apparaissent dans son œuvre. Elle entame sa carrière littéraire avec un roman, *les Impudents* (1943), pour lequel elle adopte le pseudonyme de Marguerite Duras. Elle est introduite par François Mitterrand dans la Résistance, puis adhère au parti communiste à la Libération. *Un barrage contre le Pacifique* (1950) manque de peu le Goncourt, mais fait d'elle une vedette intellectuelle de Saint-Germain-des-Prés. Une vie partagée entre deux hommes : Robert Antelme et Dionys Mascolo.

Avec *Moderato Cantabile* (1958), elle invente une écriture nouvelle proche de la conversation. Un style presque parlé qui la rapproche de l'école du Nouveau

Roman (Claude Simon, Nathalie Sarraute), même si ses textes ont une forme relativement classique, riche de psychologie et subordonnée à une intrigue. Son œuvre porte aussi les stigmates de l'Histoire, reflétant par exemple le génocide et la déportation de son mari Robert Antelme (*la Douleur*, 1985).

Venue au cinéma par l'écriture de scénarios, *Hiroshima mon amour* pour Alain Resnais (1959) notamment, Marguerite Duras devient à son tour cinéaste. (*India Song*, 1975, *l'Homme atlantique*, 1981). Son œuvre littéraire, moins hermétique, est appréciée du grand public depuis la publication de *l'Amant*, qui obtient le prix Goncourt en 1984, se vend à plus d'un million d'exemplaires et est adapté pour le cinéma par Jean-Jacques Annaud en 1993.

Avant de quitter la scène littéraire pour toujours, Marguerite Duras ose cette formule restée célèbre « sublime, forcément sublime » pour désigner le meurtre du petit Grégory, retrouvé noyé dans une rivière des Vosges.

Albert Einstein
(1879-1955)

« $E = mc^2$ »

Pour le monde entier, Einstein c'est d'abord une image mythique. Celle du savant fou qui vous tire la langue. Inventeur de la théorie de la relativité, père de la bombe atomique, mais également pacifiste, Albert Einstein incarne le génie scientifique qui n'oublie pas d'être citoyen du monde.

De nationalité allemande, Albert Einstein grandit dans une famille juive, cultivée et tolérante. Le jeune Albert s'avère être un excellent violoniste, mais un bien piètre élève. Rien ne le prédispose à devenir un génie scientifique. Malgré tout, il réalise un cursus universitaire plutôt brillant en Suisse. Diplômé de l'École polytechnique de Zurich, il devient ingénieur (1905). Dans une série d'études publiées en 1905, il expose sa théorie de la relativité, établissant notamment une équivalence entre la masse et l'énergie, résumée dans la célèbre formule $E = mc^2$.

C'est en 1919 qu'Einstein est brutalement promu au rang de star intellectuelle. Cette année-là, les vérifications de sa théorie de la relativité font de lui le successeur de Newton. Le grand savant allemand jouit d'une réputation internationale sans égale. L'importance de ses découvertes est telle qu'il est couronné par le prix Nobel de physique en 1921. Il fait alors le tour du monde, est reçu par les chefs d'État, fêté par les artistes. Ce non-conformiste séduit par son allure bonhomme et ses fantaisies de gamin.

Lors d'un voyage en Amérique en 1933, Einstein apprend l'arrivée au pouvoir d'Hitler. Il ne rentre pas en Allemagne et accepte un poste à l'université de Princeton. Devant la montée du nazisme, il implore l'Europe de s'armer. En 1939, le grand physicien danois Niels Bohr lui apprend que des savants travaillent sur l'énergie nucléaire. Devant la menace de voir Hitler disposer d'une bombe atomique, Einstein avertit le président américain Roosevelt du danger. Cette mise en garde est à l'origine du projet Manhattan (décembre 1941), qui permet la construction de la première bombe atomique en 1945. Einstein est considéré à tort comme le créateur de la bombe atomique alors qu'il n'a jamais travaillé directement sur la physique nucléaire. De plus, il tente de dissuader le président des États-Unis, Harry Truman, de lancer la bombe sur le Japon.

Homme de science mais également citoyen du monde, ce grand savant a soulevé des problèmes moraux face à la découverte de l'énergie atomique. Ce savant pacifiste meurt en 1955, quelques jours après avoir signé une déclaration pour l'abolition de la guerre et le bannissement de l'arme nucléaire.

Paul Éluard
(1895-1952)

« Sur mes cahiers d'écolier
Sur mon pupitre et les arbres
Sur le sable et la neige
J'écris ton nom [...]
Liberté. »

Janvier 1944 : les vingt et une strophes du plus célèbre poème de Paul Éluard *Liberté* sont lancées par des avions anglais au-dessus de la France. Paul Éluard est, avec René Char, le grand poète de la Résistance ; il est également celui de l'amour et des femmes.

Marqué douloureusement dès son enfance par de longs séjours en sanatorium (1912), il en gardera toute sa vie une amertume et une mélancolie. Les femmes seront ses plus fidèles inspiratrices : Nuch d'abord, Gala ensuite et Dominique tragiquement décédée. De ces trois amours naîtront, entre autres, *Capitale de la douleur* (1926), *l'Amour et la Poésie* (1929), *la Vie immédiate* (1935), *les Yeux fertiles* (1936).

Sa poésie est une tendre incantation aux êtres et aux choses. Elle lui vaut d'être apprécié par les surréalistes (Aragon, Breton, Desnos) avec qui il noue de solides amitiés. Paul Éluard rencontre par ailleurs Tristan Tzara et fonde avec lui le mouvement dada. Plus durablement, il adhère au mouvement des surréalistes et trouve un moyen privilégié de rénovation des images et du langage (« la terre est bleue comme une orange »).

Révolté par les atrocités de la guerre de 14, Éluard a très tôt une conscience aiguë de la justice. Engagé au parti communiste en 1926, il est exclu en 1939 par Aragon et milite de nouveau en 1942 dans le parti communiste clandestin. Il affirme sa solidarité avec l'Espagne républicaine et lui dédie notamment un poème, *Victoire de Guernica* (1938). En 1944, il s'engage dans la Résistance où il assume la direction du Comité national des écrivains pour la zone nord (*Poésie et vérité*, 1942, *les Armes de la douleur*, 1944). Il rêve « aux lendemains qui chantent ».

Paul Éluard a enchanté le verbe, pratiqué sans modération l'hymne à l'amour. Sa poésie, limpide et amoureuse, est une ode aux éléments, une réponse à la vie, à la solitude et au deuil (*Donner à voir*, 1939, *Poésie ininterrompue*, 1946, *Tout dire*, 1951). Il est probablement un des poètes les plus populaires et les plus fascinants de ce siècle.

Federico Fellini
(1920-1993)

*« L'important c'est de laisser aux choses
qu'on montre leurs contours mystérieux. »*

S'il n'y avait qu'un film à retenir de Federico
Fellini? *La Dolce Vita* bien entendu. Une scène? Le
souvenir de la voluptueuse Anita Ekberg prenant
un bain sous une cascade. Maître absolu de l'image,
Fellini a doté le cinéma italien d'une expression nouvelle et totale.

Inspiré par les courants du néoréalisme, Fellini,
à l'origine dessinateur, va trouver dans le cinéma
sa « voie royale ». Il ne crée pas un style, il impose
un univers. Ses films, pour la plupart, traduisent des
faits autobiographiques ou rêvés (*Feux du music-
hall*, 1951). Tout habité qu'il est de sa Rome natale,
Fellini porte à l'écran ses amertumes, ses souvenirs
et ses fantasmes souvent contradictoires : la femme,
mère et amante, l'homme, cynique et tendre. Véritable
explorateur de la détresse humaine, Fellini laisse une
part importante au salut chrétien. Dans *La Strada*
(1954), il nous conte l'amour douloureux d'une femme
pour un violent et grossier personnage. Viendront en
1955 *Il Bidone* et *les Nuits de Cabiria* (1957).

Naïve et tendre, ridiculisée ou trahie, mère ou
femme-enfant, la femme est au centre de l'univers
fellinien. Son épouse Giulietta Masina est du reste
son égérie. Elle joue dans de nombreux films dont
la Strada où elle incarne Gelsomina et dans *Juliette
des esprits* (1965). *La Dolce Vita* (1960) porte à son
paroxysme le jugement aigu de Fellini sur son

époque. Le héros interprété par Mastroiani est, sans conteste, le double du cinéaste. Il est question d'un journaliste, désabusé, témoin de la jeunesse romaine décadente emplie de luxe et de privilèges. Anita Ekberg, son actrice fétiche, y est inoubliable de sensualité et de grâce. Ce film, qui obtient la Palme d'or au festival de Cannes (1960), rencontre un énorme succès.

Puissant créateur et artisan d'un univers à la fois onirique et réel, Fellini poursuit dans *Huit et demi* (1963) sa quête initiatique. Jugé visionnaire par la critique, ce film est une allégorie du cinéaste en proie aux doutes et au manque d'inspiration. Claudia Cardinale tient le rôle principal. *Satirycon* (1969) pousse encore plus loin le fantastique et l'imaginaire baroque.

Tous les films de Fellini ont été tournés dans les studios mythiques de la Cineccitta, les plus célèbres après Hollywood. Fellini en était devenue l'âme. À sa mort (1993), la Cinecitta est tombée en désuétude.

Sigmund Freud
(1856-1939)

« Là où ça était, je dois advenir. »

Phobies, actes manqués, refoulement : nous devons tout à Freud. Il est le père de la psychanalyse, celui auquel tous ses descendants se réfèrent (Young) ou dont ils s'éloignent (Lacan).

En 1895, sous l'influence de Charcot et de Bernheim, Sigmund Freud étudie les mécanismes de l'hystérie et s'en réfère alors à l'hypnose.

Durant cette même année, il formule l'existence de *l'inconscient* (instance psychique tyrannique et inconnue de l'homme) et crée en conséquence le procédé de *l'analyse*. C'est une révolution ! Libre association d'images, remémoration des souvenirs, décryptage des rêves : tout est mis en œuvre pour que le patient, allongé sur un divan, se libère des significations cachées. Les rêves sont pour Freud « la voie royale » de la manifestation de l'inconscient. Il est le premier à les avoir étudiés avec une telle attention (*l'Interprétation des rêves*, 1899-1900).

Sa théorie repose sur trois instances : le *Moi* (l'ego), le *Ça* (réalité extérieure) et le *Surmoi* (introjection des interdits parentaux). Il ne va jamais cesser de s'interroger et d'approfondir le thème de la sexualité ; elle est pour lui au cœur même de l'individu. Plus généralement, il étudie les perversions sexuelles (masochisme, sadisme) et classe l'évolution de la libido selon différents stades : oral, anal, phallique... (*Trois Essais sur la théorie de la sexualité*, 1905).

Au cours de ses analyses, Freud a pu constater des

mécanismes de *résistance* de la part du patient. Il a montré ce qu'étaient le principe du *refoulement* (phénomène inconscient de défense par lequel le Moi rejette une pulsion) ou du *transfert* (acte par lequel un patient reporte sur l'analyste un sentiment fort qu'il éprouvait dans l'enfance pour une personne décisive). Les raisons de cette situation conflictuelle remonteraient, selon lui, à la petite enfance dans ce qu'il nomme le *complexe d'Œdipe* (attachement de l'enfant pour le parent du sexe opposé). Théoricien des pulsions, Freud a démontré que nous étions gouvernés soit par Éros (pulsion d'amour) soit par Thanatos (pulsion de mort). On lui doit une véritable classification de la personnalité : les névrosés, les hystériques, les paranoïaques...

Dans l'Allemagne des années 30, la théorie de Freud suscite de vives contestations dans les milieux religieux ou scientifiques. Les nazis condamnent les thèses de ce juif viennois, conduit en 1939 à un exil sans retour. Ses ouvrages principaux, *Cinq psychanalyses* (1905-1918), *Totem et Tabou* (1913) ou *Introduction à la psychanalyse* (1916) guident, encore aujourd'hui, tous ceux qui veulent penser la complexité du psychisme humain.

Jean Gabin
(1904-1976)

« T'as de beaux yeux, tu sais. »

« Jean Gabin ne joue pas, il existe » a-t-on écrit à propos de lui. Voilà donc le secret de l'acteur : il était d'abord une présence. La légende cinématographique des années 30 va connaître une traversée du désert avant de revenir triomphalement dans les années 60 : bourru et grandiose.

Élevé dans un milieu artistique (ses parents sont des vedettes de café-concert), Jean Gabin ressent très tôt l'envie de jouer la comédie. Après s'être essayé à plusieurs métiers manuels, il joue un rôle de figurant aux Bouffes-Parisiens. Dans une opérette, il rencontre Mistinguett et chante avec elle *la Java de doudoune*.

Gabin s'affirme avec le cinéma qui lui donne des rôles de mauvais garçon (*Paris Béguin*, *Cœur de Lilas*, 1931). Les années 30 vont propulser ce jeune acteur au rang des plus grands. Il a la chance de tourner avec des cinéastes prestigieux et participe, sans le savoir, aux classiques du cinéma d'avant-guerre : *Pépé le Moko* de Julien Duvivier (1937), *la Grande Illusion* (1937) et *la Bête humaine* de Jean Renoir (1938). Cette même année, un miracle a lieu avec *Quai des Brumes* de Marcel Carné. Gabin et Morgan nous offrent les répliques les plus appréciées du cinéma : « T'as de beaux yeux, tu sais. » Par leur naturel, le couple paraît réel et la magie opère. Tour à tour légionnaire, déserteur, cheminot, Gabin enflamme le public par ses rôles de héros rebelle, généreux et populaire.

La guerre met fin à l'aventure. Après avoir quitté la France pour les États-Unis où il joue des rôles médiocres, Gabin revient en France en 1946. Plus personne ne l'attend. Le cinéma découvre de jeunes talents qui font rêver : Gérard Philipe entre autres. Gabin s'égare alors dans des mélodrames *(Martin Roumagnac*, 1946) et revient, en vain, au théâtre (*la Soif* de Berstein, 1949).

Il faudra attendre l'audace de Jacques Becker pour retrouver Gabin (*Touchez pas au grisbi*, 1954). C'est un triomphe. L'acteur entame une seconde carrière : (*les Vieux de la vieille*, 1960, *Un singe en hiver*, 1962, *Le Pacha*, 1968). Ses rôles de truand ont d'autant plus de crédit que Gabin s'est épaissi, prenant un côté « rude » qui ne le quittera plus. Flic, président, Gabin est sous l'emprise d'un homme qui lui écrit des dialogues sur mesure : Michel Audiard. En 1963, l'acteur rencontre avec son partenaire Alain Delon un accueil triomphal pour *Mélodie en sous-sol*.

Après ses derniers grands rôles (*le Chat*, 1971, *l'Affaire Dominici*, 1973), il se retire dans sa maison de Normandie. Le cinéma français a trouvé en Jean Gabin une force de la nature. Il était, comme dira Prévert, « l'évidence même. L'évidence d'un être humain qui joue son rôle publiquement ».

Serge Gainsbourg
(1928-1991)

« Dieu est un fumeur de havanes. »

Certains ont du talent, Gainsbourg a du génie. Compositeur, interprète, poète, peintre, cinéaste et philosophe à ses heures, il était tout à la fois : un artiste complet, en marge de la bonne société, en avance, toujours, en déséquilibre constant, en secret équilibre.

Tout petit déjà, Lucien Ginzburg sent qu'il n'est pas comme les autres. Fils d'immigré russe, il doit assumer un physique ingrat : des oreilles en forme de choux. Commençant des études de peinture, il les arrête brutalement. Musicien classique, c'est en voyant Boris Vian pour la première fois, qu'il décide de changer de registre. Avec *le Poinçonneur des Lilas* (1958), le public découvre un jeune chanteur étrange, décalé, empreint d'une grande poésie. Il compose pour Juliette Gréco, *la Javanaise* (1963), France Gall avec qui il gagne l'Eurovision (1965) pour *Poupée de cire, poupée de son* et enchaîne les mémorables *Sucettes à l'anis* (1969).

Gainsbourg tombe amoureux de Bardot qui se refuse à lui. Inconsolable, il lui dédie le scandaleux *Je t'aime moi non plus* (1967). En 1968, c'est la rencontre avec Jane Birkin et la naissance du couple le plus sulfureux de l'époque. Leur histoire durera dix ans. Gainsbourg compose *la Décadanse*, *Sea sex and sun* (1969) et fait scandale. Jane Birkin devient son égérie, son inspiratrice, il lui compose des chansons magnifiques *Mélodie Nelson*, *Fuir le bonheur de peur qu'il ne se sauve...*

Ses textes sont mélancoliques, clairvoyants et désabusés. Jeux de mots, mélodies originales et thèmes provocants. Gainsbourg innove, dérange, séduit. Dès les années 80, l'artiste se protège derrière un personnage public et joue les indélicats. Barbe de trois jours, cheveux longs, alcool et cigarettes : Gainsbarre est né. Il aborde dans ses chansons des thèmes difficiles : homosexualité, inceste (*Lemon Incest,* 1984) tourne des films choquants avec sa fille Charlotte (*Charlotte for ever*). Pour le plus grand bonheur des journalistes, il multiplie les provocations : un billet de cinq cents francs brûlé en direct à la télévision, mais un chèque de cent mille francs adressé à une œuvre caritative en coulisse.

Je suis venu te dire que je m'en vais (1973) marque la rupture avec Birkin. Il compose alors pour Catherine Deneuve *Dieu est un fumeur de havanes* (1980) et réorchestre la *Marseillaise* sur un rythme reggae (*Aux armes et caetera*), elle sera interdite. Dieu vivant, brûlot de la jeunesse, Gainsbourg joue de son influence et prend position contre la drogue (*Enfants de la chance,* 1987). En 1981, il épouse Bambou, une jeune Eurasienne qui lui donnera un fils Lucien, dit Lulu.

Attirant et insupportable, charismatique et léger, grave et cynique, Gainsbourg était un poète avant tout. Ceux qui l'ont approché ont été émus, fascinés par cet être tourmenté, libre et sincère.

Mahatma Gandhi
(1869-1948)

« La lumière de nos vies s'est éteinte. »
Nehru

Plus de cinquante ans après son assassinat, Gandhi, ce petit homme frêle drapé dans une grande toge blanche, reste le légendaire apôtre de la non-violence et l'artisan de l'indépendance de l'Inde.

Né d'une caste de commerçants aisés, Mohandas Karamchand Gandhi, après des études d'avocat à Londres, s'installe en Afrique du Sud (1893). Il y reste douze ans pour défendre ses compatriotes indiens, victimes de la ségrégation raciale. Imprégné des grands textes de la tradition spirituelle hindoue et de culture occidentale, il invente la doctrine de la non-violence, cette « absence de désir de tuer ». La grève de la faim demeure son action privilégiée.

De retour dans l'Empire des Indes, il utilise cette philosophie de l'action comme une arme politique pour obtenir l'indépendance. Chef du parti du Congrès, il lance de vigoureuses campagnes anti-britanniques appelant à la « désobéissance civile ». Il prêche le boycott des produits anglais et demande à chaque Indien de filer et de tisser ses propres vête-ments. Mais il défend également l'égalité des droits entre les hommes. Il réclame la réhabilitation des intouchables, remettant en cause le système tradi-tionnel des castes. En 1930, Gandhi entre dans la lutte politique avec la « marche à la mer », une marche de vingt-six jours destinée à aller recueillir directe-ment le sel et à le vendre, dénonçant ainsi le monopole anglais. Ce geste symbolique marque le début des campagnes de mobilisation de masse et ébranle le pouvoir britannique.

Emprisonné pendant la guerre (1942-1944), il participe néanmoins aux négociations pour l'indépendance de l'Inde. Dès lors son souci principal est d'éviter les violences entre hindous et musulmans. Il est hostile à toute division du pays qui ruinerait ses efforts pour unir les deux communautés. Il est effondré lorsqu'une manifestation gigantesque menée par Ali Jinnah, le chef de la ligue musulmane, dégénère en tuerie. À chaque mouvement de violence entre les deux communautés, Gandhi parvient à rétablir le calme en recourant soit à des prières collectives, soit à la grève de la faim — une violence qu'il s'inflige à lui-même pour convaincre les belligérants de rendre les armes et le gouvernement de l'Inde à ménager le Pakistan. Après l'indépendance de l'Inde (15 août 1947), Gandhi conseille à Nehru, son successeur à la tête du parti du Congrès, de mener une politique d'apaisement vis-à-vis du Pakistan, désormais séparé.

Le 30 janvier 1948, Gandhi est assassiné par un nationaliste hindou à Delhi. Le Mahatma est mort pour son attitude pacifique envers le Pakistan musulman. Mais les plus radicaux considèrent la non-violence comme un moyen privant les hindous de toute capacité de réaction. Ce meurtre prouve que l'Inde n'est pas acquise totalement aux thèses du Mahatma. D'ailleurs, quelques semaines avant de mourir, il avait écrit : « Je sais qu'aujourd'hui j'irrite tout le monde. » L'arrivée des nationalistes hindous au pouvoir en 1998 et les récentes tensions entre l'Inde et le Pakistan révèlent que le message pacifiste du martyr Gandhi n'a pas porté ses fruits.

Greta Garbo
(1905-1990)

« Vous cherchez un sphinx là où il n'y a qu'une femme. »
Robert Montgomery

Un visage. Voilà ce qu'elle était d'abord. Un visage
d'ange, pâle et solaire à la fois, où deux grands yeux
turquoise vous hypnotisaient et semblaient vous
dire : « Je veux être seule. » Seule, Garbo l'a toujours
été : elle fuyait les journalistes et les déclarations,
maintenait secrète sa vie privée, craignait le public.
« Êtes-vous Garbo ? lui demandait-on. — Parfois » se
plaisait-elle à répondre. C'est de ce mystère, allié à
une apparente froideur, qu'est sans doute née la
fascination.

En prenant le nom de Garbo (« allure » en espagnol)
Greta Gustafsson pressent qu'elle sera le symbole de
la séduction, de la pureté et de la distinction. Elle doit
tout à un homme, Maurice Stiller, qui la découvre au
conservatoire de Stockholm et lui confie son premier
rôle dans *la Légende de Gösta Berling* (1924). La
vérité est là : une beauté incomparable prolongée
par d'interminables cils où « l'ombre et la lumière
prennent corps et âme ». Sa froideur sublimée par une
force incandescente s'impose et brûle l'écran. Garbo
est le feu nordique du cinéma américain.

Elle va alors gagner Hollywood qu'elle détestera
toute sa vie. Il faudra attendre *Une femme divine*
(1928) pour qu'elle devienne officiellement La Divine.
On lui confie des rôles d'héroïnes étrangères, tantôt
parisiennes, tantôt espagnoles ou hongroises. Les
années 30 sont pour elle l'occasion de jouer ses plus

beaux rôles : *Mata-Hari* (1931), *la Reine Christine* (1933), *Anna Karénine* (1935), *Maria Waleska* (1937).

Garbo est une star, adulée de tous, des hommes comme des femmes. Elle arbore des vestons d'homme, porte des imperméables noirs et entretient les plus vives critiques. On l'accuse de jouer des rôles de prostituée ou de meurtrière. Il est loin le temps où la jeune fille sage était vendeuse de chapeaux.

Cette tragédienne par excellence ira jusqu'à incarner des rôles qu'on lui disait proscrits. Elle excelle dans la comédie *Ninotchka* (1939) d'Ernest Lubitch. En 1941, elle joue *la Femme aux deux visages* et connaît un cuisant échec. Inconsolable, elle quitte le cinéma et se retire à New York où elle côtoiera les plus grands jusqu'à sa mort (Charlie Chaplin, Churchill, Buster Keaton...). En vue du 10ᵉ anniversaire de sa mort, ses cendres ont été transférées à Stockholm en 1999.

Federico García Lorca
(1898-1936)

« Il y a eu crime dans Grenade, sa Grenade ! »
Antonio Machado

Federico García Lorca est, après Cervantès, l'écrivain espagnol le plus connu dans le monde. Poète assassiné par le fascisme, il devient le modèle de l'écrivain martyr, d'une jeunesse fauchée en pleine création. Sa mort tragique laisse une œuvre désespérée, élégante et libre, un classique de la littérature moderne.

Né à Grenade, Federico García Lorca est le fils aimé d'une famille andalouse, démocrate et aisée. Bon pianiste, mais également chanteur, guitariste et dessinateur, García Lorca côtoie toute l'avant-garde littéraire et artistique de Madrid, et notamment des surréalistes. Ami de Salvador Dalí, de Luis Buñuel et du peintre Miró, il s'adonne alors à la poésie et au théâtre. Il écrit toute son œuvre poétique et théâtrale avant trente ans. *Romancero gitano* (1928) révèle un grand poète, qui puise son inspiration dans le folklore gitan et la chanson andalouse. Lorca atteint la maturité avec *le Poète à New York* (publié en 1948) où il se détache de l'apparente légèreté des thèmes folkloristes pour trouver une expression plus profonde, un lyrisme existentiel. Sa poésie laisse transparaître la silencieuse menace de la mort, l'espoir d'être aimé et la liberté des sens. Dans une Espagne bigote et conservatrice, ce dandy à visage d'ange doit cacher son homosexualité sous une métaphore poétique : « amour obscur ».

Ce fou de théâtre fonde en 1935 la compagnie La Barraca pour laquelle il écrit des farces, des pièces fantaisistes (*la Savetière prodigieuse*, 1933) et sa magistrale trilogie dramatique : *Noces de sang* (1933), *Yerma* (1935) et *la Maison de Bernarda* (1936). Le dramaturge veut faire de cette dernière une pièce austère, possédant la force « d'un documentaire photographique ». Un univers où se mêlent l'amour et la mort, le Soleil et la Terre, une tragédie grecque revisitée par un poète du xxᵉ siècle.

En juillet 1936, Lorca revient comme chaque année à Grenade, sa terre natale. Mais cette fois-ci, l'atmosphère est pesante, tendue. On l'avait pourtant prévenu de ne pas venir dans la capitale andalouse menacée par un soulèvement des franquistes, les fascistes espagnols. Aux premiers jours de la guerre civile, García Lorca est arrêté par la garde civile franquiste, sans doute pour son soutien au Front populaire et à la démocratie. Le 19 août, les deux genoux à terre, il est exécuté d'une balle derrière la nuque, comme cinq mille hommes de sa province. Fusillé à trente-sept ans, dans la fleur de l'âge, il laisse derrière lui une profusion d'inédits et d'œuvres inachevées.

Bill Gates
(né en 1956)

*« Je pense qu'au cours de ma vie,
je verrai apparaître un ordinateur intelligent. »*

Quel point commun existe-t-il entre Windows, Word, Excel et Internet Explorer? Ce sont tous des logiciels produits par la société Microsoft dirigée par son PDG-fondateur, Bill Gates, le nouveau Crésus de la planète informatique. Avec sa frimousse de jeune premier, on a du mal à croire que Bill soit le futur maître du monde, et pourtant. Reçu comme un chef d'État dans tous les pays, il étend sa toile multimédia dans le monde entier.

À quarante-trois ans, l'homme le plus riche de la planète (une fortune évaluée à cinq cents milliards de francs en 1999) n'est pas un ingénieur doué, mais un cannibale en affaires doté d'une ambition démesurée. En effet le territoire du « grand requin blanc », comme l'appellent ses concurrents, n'a pas de limites.

Étudiant à Harvard, William H. Gates et un vieux copain, Paul Allen, décident de créer Microsoft, société de logiciels, en 1977. Le jeune Gates fait alors figure de pionnier dans un secteur informatique encore balbutiant. Dès lors Microsoft ne cesse de monter en puissance. Lorsqu'en 1981 le géant de l'informatique, IBM, vend son PC sur le marché, MS Dos, puis Windows sont fournis par Microsoft. Profitant de la puissance commerciale d'IBM, Microsoft devient une marque incontournable équipant la presque totalité de la micro-informatique mondiale. Aujourd'hui, Microsoft contrôle, grâce à Windows,

90 % des ordinateurs vendus dans le monde. Sans attendre l'explosion du commerce électronique, Microsoft s'empare de la première place sur le marché des documentaires sur CD-ROM avec l'encyclopédie *Encarta*. Bill Gates ne compte pas en rester là, et prépare activement la convergence de la télévision, des télécommunications et de la micro-informatique.

Mais cette volonté hégémonique s'est heurtée à la justice américaine en 1998. Suite à une plainte déposée par vingt États américains et par une coalition d'entreprises concurrentes (Sun, Oracle, IBM, Netscape), le ministère de la Justice attaque Microsoft pour violation de la loi anti-trust. La justice accuse Bill Gates d'avoir profité de son quasi-monopole sur les systèmes d'exploitation (Windows), pour s'étendre sur le marché d'Internet. En effet, en imposant Windows sur tous les PC, Gates peut verrouiller tous les secteurs de l'informatique, établissant ainsi un monopole. Or, le délit de monopole a déjà fait exploser en 1984 ATT, première compagnie américaine de téléphone, contrainte au démantèlement. Quinze ans plus tard, Microsoft va-t-il subir le même sort?

Derrière ce procès se cache un enjeu économique essentiel du XXIe siècle : le contrôle d'Internet, le réseau des réseaux. Un nouveau marché à conquérir sur lequel devraient se brancher plus de un milliard d'humains en 2010, soit une réserve inépuisable de clients. Si on n'y prend pas garde, Microsoft pourrait bien être la *World Company* du prochain millénaire...

Charles de Gaulle
(1890-1970)

« Toute ma vie je me suis fait une certaine idée de la France. »

« La France a perdu une bataille, mais la France n'a pas perdu la guerre ! ». Par cet appel lancé le 18 juin 1940 au micro de la BBC, un grand échalas en uniforme exhorte les Français à continuer le combat contre l'occupant allemand : le général de Gaulle entre dans la légende. Libérateur de la patrie, président fondateur de la Vᵉ République, Charles de Gaulle incarne aux yeux des Français l'homme providentiel.

Né dans une famille monarchiste et catholique, diplômé de Saint-Cyr, Charles de Gaulle est promu général de brigade en juin 1940 puis sous-secrétaire d'État à la Défense du gouvernement Paul Reynaud. Refusant l'armistice, il se réfugie à Londres où il appelle, le 18 juin 1940, tous les Français à désobéir au maréchal Pétain. À la tête des Forces françaises libres, il parvient à unifier tous les mouvements de combattants dans un Conseil national de la Résistance (1943).

Grâce à sa ténacité, la France est redevenue un État souverain. Élu en novembre 1945 chef du gouvernement provisoire, de Gaulle s'oppose à la IVᵉ République et démissionne le 20 janvier 1946. Il crée le RPF (Rassemblement du peuple français) en 1947. Mais devant la faiblesse des résultats électoraux, le parti gaulliste est dissous. Commence alors une longue traversée du désert.

Face aux graves émeutes qui secouent l'Algérie française, on vient chercher de Gaulle comme suprême recours. Nommé chef du gouvernement le

1ᵉʳ juin 1958, il fonde la Vᵉ République. Une nouvelle constitution est adoptée par référendum (1958), qui renforce considérablement le pouvoir exécutif. De Gaulle devient le premier président de la Vᵉ République en novembre 1958.

De Gaulle s'occupe de mettre fin à la guerre d'Algérie. Afin de calmer les esprits, il lance le fameux « Je vous ai compris ». Mais il sait que la décolonisation est inévitable. Après avoir empêché un « quarteron de généraux à la retraite » (Challe, Zeller, Jouhaud et Salan) de s'emparer du pouvoir à Alger (avril 1961) de Gaulle signe, le 18 mars 1962, les accords d'Evian instaurant l'indépendance de l'Algérie. Pour les pieds-noirs, il devient un « traître ». Une organisation clandestine, l'OAS, est chargée de l'éliminer. Il échappe de justesse à l'attentat du Petit-Clamart le 22 août 1962.

En 1965, il est réélu triomphalement à la présidence de la République. Il réalise alors son « grand dessein » : faire de la France une grande puissance indépendante des États-Unis. En mars 1966, de Gaulle annonce le retrait de la France de l'OTAN et assiste à l'explosion d'une bombe atomique française. Cette volonté farouche d'indépendance trouve son point d'orgue lors d'un discours à Montréal en 1967 : « Vive le Québec libre ! ».

La France des années 60 connaît une forte prospérité (« les trente glorieuses »). Mais la jeunesse s'ennuie. Mai 68 éclate. De Gaulle semble impuissant face à cette révolte étudiante qu'il ne comprend pas. « La réforme oui, la chienlit non ! ». La contestation de son action politique est consacrée lors d'un référendum en avril 1969 : 53 % des votants s'opposent à un projet de décentralisation. De Gaulle prend ce résultat comme un désaveu personnel, démissionne et se retire définitivement à Colombey-les-Deux-Églises, où il achève ses *Mémoires*.

Mikhaïl Gorbatchev
(né en 1931)

*« En voulant guérir le régime, Gorbatchev a précipité
sa fin. Il lui a donné une médecine trop forte,
le cœur a lâché ! »*
Pierre Hassner

Lorsque Mikhaïl Gorbatchev lance en 1986 la
perestroïka (restructuration) et la *glasnost* (transparence) pour sauver le régime soviétique, il ne se doute
pas qu'il va contribuer à l'effondrement de l'URSS.

Gorbatchev est un homme du sérail. Fils de paysans de la région de Stavropol (sud de la Russie), il
adhère au parti communiste, entre au comité central
puis, en 1980, au Bureau politique. Gorbatchev est
l'un des rares dirigeants soviétiques à avoir fait des
études supérieures (juriste) et s'être rendu fréquemment à l'étranger. Protégé d'Andropov, chef du KGB,
puis successeur de Brejnev de 1982 à 1984, Gorbatchev est élu secrétaire général du PCUS le 11 mars
1985, succédant à un vieillard malade, Tchernenko.
Depuis Staline, jamais l'URSS n'a connu un dirigeant
aussi jeune, cinquante-quatre ans !

En arrivant au pouvoir, Gorbatchev hérite d'un
système à bout de souffle : l'économie est bloquée ; le
niveau de vie de la population baisse continuellement ; l'armée soviétique s'enlise en Afghanistan. La
catastrophe nucléaire de Tchernobyl (Ukraine), en
avril 1986, révèle au monde l'incapacité des dirigeants soviétiques et le délabrement des infrastructures. Le nouveau maître du Kremlin met fin à une
longue période d'immobilisme en lançant une série

de réformes. La perestroïka vise à assouplir le système économique en introduisant les mécanismes du marché dans une économie planifiée. La glasnost lève la censure (*Le Docteur Jivago* de Boris Pasternak est enfin publié), libère les dissidents (Sakharov sort de son exil forcé). Gorbatchev élimine les vieux brejnéviens du pouvoir. À l'extérieur, Gorbatchev signe avec les États-Unis des accords de désarmement. En mars 1988, il fait évacuer l'Armée rouge d'Afghanistan provoquant un sentiment d'humiliation chez les militaires. Dans la crise du Golfe, Gorbatchev entérine les décisions du président américain. L'URSS paraît être à la remorque des États-Unis. La superpuissance est bien morte.

Par ces réformes, Gorbatchev libère les aspirations nationales dans les républiques. En mars 1990, la Lituanie est le premier des États baltes à proclamer son indépendance. L'Union soviétique se disloque. Prix Nobel de la paix en 1990, Gorbatchev n'a plus de pouvoirs. Les conservateurs tentent un putsch, le 19 août 1991. C'est Boris Eltsine, président de la Fédération de Russie, qui organise la résistance au coup d'État. Gorbatchev avoue : « Il ne me reste rien à part mon journal intime. » Il quitte la direction du Parti le 24 août 1991. L'URSS se transforme en Communauté des États Indépendants (CEI). À l'élection présidentielle de Russie en 1996, Gorbatchev ne recueille que 0,5 % des voix.

Julien Gracq
(né en 1910)

« Quand on légifère dans la littérature,
il faut avoir du moins la courtoisie et la prudence
de dire aux œuvres "Après vous"... »

Peu de bruit : en cinquante ans d'écriture, Julien Gracq n'a jamais voulu participer aux débats théoriques qui agitent la littérature de son temps. Il décline également les étiquettes et les honneurs. Le grand public le découvre suite à un coup d'éclat : fidèle à ses idées et désirant les mettre en application, Julien Gracq refuse le prix Goncourt attribué à son roman *le Rivage des Syrtes* (1951).

L'écrivain se fait une idée élevée et exigeante de la littérature, presque sacrée à ses yeux. Un an plus tôt, à travers un pamphlet, *la Littérature à l'estomac* (1950), il fustige les usages du monde des lettres. Gare à la littérature indigeste ! Il affiche également certaines réserves à l'égard du roman contemporain et, en particulier, du Nouveau Roman : « Pendant que la théologie s'installe [...] c'est plutôt la foi qui s'en va. » (*Lettrines I*, 1967). Ce professeur d'histoire-géographie, héritier du surréalisme, est un homme secret, qui élabore patiemment une œuvre poétique sur le temps et l'Histoire.

Le Rivage des Syrtes, son roman le plus célèbre, se présente comme une rêverie sur « la remise en route de l'Histoire ». Le roman ne raconte pas autre chose que l'attente et le songe de l'événement que constituera la reprise de la guerre dans le paysage imaginaire de la mer des Syrtes. S'y retrouvent les souvenirs de la décadence romaine, la poésie du déclin d'un empire. Roman initiatique aussi où le héros nourrit en lui la certitude de l'événement, révélateur du destin. *Au château d'Argol* (1938) se veut le comble du roman noir, dont il reprend tous les artifices, qu'il transgresse par le paroxysme, ouvrant sur un merveilleux d'ordre surréaliste, privilégiant l'attente, la quête initiatique de nouveau, la fusion du rêve et de la réalité. Attentif à l'histoire politique, Gracq ressent l'angoisse de la catastrophe, celle de la montée du fascisme en Allemagne.

En choisissant le pseudonyme de Julien Gracq, Louis Poirier a voulu s'effacer devant l'écrivain. En refusant la consécration des institutions littéraires, l'écrivain décide à son tour de se faire humble face à son œuvre. Gracq est le seul à avoir été publié dans la Pléiade, Panthéon des lettres, de son vivant.

Che Guevara
(1928-1967)

« Le socialisme ou la mort ! »

Le 9 octobre 1967, le Che est abattu d'une rafale de pistolet mitrailleur dans un village perdu de Bolivie. Une légende du siècle vient de mourir. « Christ révolutionnaire », il incarne encore aujourd'hui le héros romantique, l'idéaliste politique. Artisan de la révolution cubaine, il demeure jusqu'à la mort fidèle à ses convictions communistes.

Issu de la petite bourgeoisie argentine, Ernesto Guevara de la Serna est un adolescent turbulent et déjà anticonformiste. Atteint d'un asthme redoutable, il se forge une volonté de fer, poussant toujours plus loin les limites de sa constitution fragile. Très intelligent, curieux de tout, il dévore quantité de livres. À l'occasion de plusieurs voyages en Amérique latine, il découvre la misère des laissés-pour-compte qu'il sent vite le besoin de défendre.

Reçu à ses examens de médecine, le jeune et beau docteur Guevara, marxiste-léniniste, entre en 1955 dans la bande de guérilleros cubains emmenés par Fidel Castro. Il organise dans la Sierra Maestra une nouvelle méthode de guerre, le *foco* (étendre la révolution à partir d'un foyer de guérilla). Une stratégie qui aboutit à la chute du dictateur cubain Batista en janvier 1959, puis à l'édification du premier socialisme tropical. Castro le nomme successivement responsable de la réforme agraire, directeur de la banque centrale et ministre de l'Industrie. Partisan d'une nationalisation totale de l'économie et d'une planification centralisée, Guevara prône même la disparition de l'argent. Nouveau Saint-Just, il exécute lui-même d'une balle dans la tête les traîtres et préside des tribunaux révolutionnaires. Intègre, il refuse les privilèges pour lui comme pour ses proches. Le Che interdit par exemple à son épouse l'emploi d'une voiture de fonction.

Son intransigeance dérange non seulement les bureaucrates de La Havane, mais également la diplomatie de Castro. Refusant tout rapprochement avec Moscou, le Che gêne le Lider maximo dans ses rapports avec les Soviétiques.

Guevara décide alors d'abandonner son ministère pour rejoindre la guérilla de Kabyla au Congo (1965), puis une expédition de rebelles en Bolivie (1966). Mais cette dernière opération se révèle bien vite un piège : le PC bolivien ne le soutient pas ; les réseaux urbains sont démantelés par la CIA ; les Soviétiques menacent Cuba de suspendre leur aide en cas d'intervention pour sauver le Che. Isolé, le guérillero argentin tombe aux mains des militaires boliviens qui l'exécutent. Martyr, il est un modèle pour les guérillas d'Amérique latine.

Aujourd'hui, plus de trente ans après sa mort, Guevara reste toujours une icône, un peu vidée de sa charge révolutionnaire et récupérée par le commerce. La photographie du Che avec son béret étoilé a fait le tour du monde, reproduite à des millions d'exemplaires sur les T-shirts et les posters.

Sacha Guitry
(1885-1957)

« Je suis contre les femmes... tout contre. »

Auteur majeur du théâtre de boulevard, Sacha Guitry est aussi célèbre pour ses bons mots que pour sa misogynie légendaire. Témoin attentif des mœurs de son époque, Guitry est aussi un observateur avisé du passé comme le prouvent ses grandes fresques historiques au cinéma.

Fils du grand comédien Lucien Guitry, Sacha est un auteur prolifique. Il écrit entre 1901 et 1953 pas moins de cent trente pièces de théâtre. Une puissance de travail hors du commun. Il commence à dix-sept ans avec *Le Page*, un opéra-bouffe en un acte. La fréquentation assidue de la haute société parisienne lui sert de matière principale pour ses créations. *Faisons un rêve* (1918), *Quadrille* (1937) ou *N'écoutez pas, mesdames* (1942) représentent ce théâtre de divertissement qui a fait la gloire de Sacha Guitry. Un monde élégant, peuplé de maris trompés et de femmes légères, qui n'a pas d'autres ambitions que de faire rire. Le mot d'esprit, la fantaisie et la verve facile mettent en valeur des personnages et des situations, imaginés dans le seul but de divertir.

Les intellectuels et la critique lui reprochent souvent sa superficialité. Ses personnages seraient creux et la virtuosité des dialogues ne servirait que la vanité de Guitry. Il arrive en effet que ce cynique se prenne pour un grand seigneur des mots. Une virtuosité qui peut s'avérer parfois terriblement blessante pour les femmes. Le « sexe faible » reste sa cible favorite.

Mais Sacha Guitry n'est pas seulement le « boulevardier de la Belle Époque », c'est aussi le père du théâtre filmé. Il a tourné près de trente-trois films dont deux chefs-d'œuvre : *le Roman d'un tricheur* (1936) et *la Vie d'un honnête homme* (1952). Mais ce sont surtout ses adaptations historiques qui ont le plus marqué, en particulier *Si Versailles m'était conté* (1953) et *le Diable boiteux* (1948) où Guitry incarne Talleyrand, un personnage taillé à sa mesure.

Grand mondain, Sacha Guitry est élu à l'académie Goncourt en 1939. Peintre des illusions de l'amour et de ses multiples variations, il se marie cinq fois. Il confie à sa dernière épouse : « Vous serez ma veuve. Vous me fermerez les yeux et vous ouvrirez mes tiroirs. »

Ernest Hemingway
(1899-1961)

« Il vous faut souffrir le martyre
avant de pouvoir écrire sérieusement. »

Géant de la littérature américaine, Ernest Hemingway laisse une œuvre puissante et prolifique marquée par le désespoir et la mort. Soldat, engagé volontaire, correspondant de guerre, il est toujours à proximité de la mort, fasciné par cette grande faucheuse de vies. Rarement un écrivain aura ainsi mêlé le sang et l'encre.

Natif de l'Illinois, le jeune Ernest accompagne fréquemment son père à la chasse et à la pêche. Une mauvaise vue l'empêche d'être un soldat. C'est comme ambulancier qu'il est grièvement blessé aux jambes par un obus en 1918. Ces mois passés auprès des combattants dans les tranchées, puis la découverte de l'amour avec une infirmière sont des expériences capitales dont Hemingway tire son premier livre *l'Adieu aux armes* (1929). Une terrible épreuve attend l'écrivain : son père se suicide. Dès lors, Hemingway décide de prendre la vie à bras le corps. Il est pris par le démon du voyage, nouvelle source d'inspiration : Paris, l'Italie, l'Espagne (*le Soleil se lève aussi*, 1926), Cuba, l'Afrique (*les Neiges du Kilimandjaro*, adapté au cinéma avec Gregory Peck et Ava Gardner). L'écrivain s'est mué en baroudeur. Ces expéditions sont l'occasion pour lui d'assouvir sa passion pour la chasse aux fauves, aux éléphants, aux gazelles.

Quand la guerre d'Espagne éclate en 1936, il est

correspondant de guerre et se lie d'amitié avec les
républicains. Au cœur des combats, il apprend la fraternité des armes. L'expérience espagnole lui fournit
le matériau de *Pour qui sonne le glas* (1941). Une
histoire d'amour sur fond de guerre civile. En 1942,
installé à Cuba, il fait armer son yacht, la *Perla*, pour
chasser les sous-marins allemands qui torpillent les
bateaux américains dans les Caraïbes. Cette opération dérisoire ne sert à rien. Il offre aux Américains
les premiers reportages sur la libération de Paris en
1944. La solitude et le désespoir le gagnent, il tombe
dans l'alcoolisme. Le whisky et d'autres alcools plus
forts lui tiennent compagnie ou plutôt l'entraînent
vers la déchéance. Bouffi, il parvient tout de même à
écrire son chef-d'œuvre, *le Vieil Homme et la Mer*
(1952), qui lui vaut le prix Nobel de littérature en
1954.

Un matin, ne supportant plus la douleur, le métier
de vivre, il se loge une balle dans la tête. Une fin brutale pour ce grand chasseur qui a traqué aussi bien
les fauves, les fascistes que les mots, l'émotion juste
et la vérité.

Hergé
(1907-1983)

« Si je vous disais que dans Tintin, *j'ai mis toute ma vie. »*

Que vous ayez sept ans ou soixante-dix-sept ans, vous vous êtes forcément plongé un jour ou l'autre dans *le Secret de la Licorne*, *les 7 Boules de cristal* ou *les Bijoux de la Castafiore*. Du pays des Soviets à celui des Picaros, en passant par le Tibet et même la Lune, Tintin le petit reporter a fait le tour du monde en un demi-siècle et vingt-trois albums. Hergé est bel et bien le pape de la bande dessinée, un dessinateur culte pour de nombreuses générations.

Natif de la Belgique, Georges Rémi alias Hergé crée Tintin en 1929 dans *le Petit Vingtième*, supplément du quotidien belge *le Vingtième siècle*. Il fait de la bande dessinée un film, en incorporant des bulles de textes dans des mini-encadrés. Il promène son reporter dans les divers pays éclairés par l'actualité. Après son excursion soviétique (*Au Pays des Soviets*, 1930), Tintin découvre le Congo colonial (*Tintin au Congo*, 1931), l'Orient mystérieux des *Cigares du Pharaon* (1934), l'Extrême-Orient du *Lotus bleu* (1936), ou l'Amérique du Sud et ses coups d'État permanents (*l'Oreille cassée*, 1937). Maître de la bande dessinée belge, il fonde les Studios Hergé et le *Journal de Tintin* (1946) dans lequel toute une génération de grands dessinateurs s'expriment : Edgar P. Jacobs (Blake et Mortimer), Jacques Martin (Alix), Jean Graton (Michel Vaillant), René Goscinny et Albert Uderzo (Astérix)....

Les aventures de Tintin et de ses amis représentent

un monde dominé par l'absurde, le non-sens et le comique. Tintin, reporter à houppette en culotte de golf, héros chaste qui ne grandit pas, accompagné d'un chien qui parle, son fidèle Milou. Les jumeaux Dupont et Dupond, l'acariâtre capitaine Haddock qui lâche souvent son juron favori « Bachi-bouzouk ! », le professeur Tournesol, un savant fou resté enfant et de temps à autre la Castafiore, cantatrice à la voix insupportable. Cette famille de papier a fait le tour du monde, des millions d'albums se sont vendus dans vingt-quatre langues (de l'arabe au japonais en passant par le basque...).

Si la personnalité de Tintin paraît lisse et positive, sans taches, celle de son créateur est plus ambiguë. On soupçonne Hergé d'être raciste, colonialiste, d'être lié à l'extrême droite, d'avoir collaboré pendant la Seconde Guerre mondiale. Il est même accusé de détester les enfants. Son amitié avec Tchang, immortalisée dans *Tintin au Tibet* (1960), le conduit vers la spiritualité.

Malgré la mort de son créateur en 1983, le succès de Tintin continue. Une véritable folie tintinolâtre se répand depuis quelques années : calendriers, cartes, timbres, jeux, objets... En cinquante ans, Tintin est devenu un mythe, le seul rival international de Mickey.

Alfred Hitchcock
(1899-1980)

« Un film n'est pas une tranche de vie,
c'est une tranche de gâteau. »

Ils ne sont pas nombreux ceux qui ont réussi à effrayer l'Amérique. Alfred Hitchcock fait partie de ce cercle très restreint. Maître du suspense au cinéma, virtuose des histoires haletantes, Monsieur Hitchcock, grâce à un art raffiné de la mise en scène, a fait trembler des générations entières de spectateurs.

Né à Londres, Alfred Hitchcock étudie dans un collège jésuite. Médiocre élève, il préfère les salles obscures à la compagnie des livres. Il s'initie alors à tous les métiers du cinéma : assistant, producteur, scénariste, réalisateur et même décorateur. Après plusieurs courts métrages et des émissions radiophoniques, David O. Selznick, patron de la MGM, l'une des majors d'Hollywood, le repère et le fait venir aux États-Unis en 1940. Engagé, il réalise aussitôt *Rebecca* puis tourne des films mineurs jusqu'aux *Enchaînés* (1946) où se déroule le baiser le plus long de l'histoire du cinéma, soit deux minutes trente.

En 1950, il devient producteur et alterne le cinéma avec sa série télévisée « Alfred Hitchcock présente ». Avec *Fenêtre sur cour* (1954), *Sueurs froides* (1958) et surtout *la Mort aux trousses* (1959), Hitchcock connaît un succès populaire considérable. Souvenez-vous de cette séquence fameuse où Cary Grant est pourchassé par un avion en plein champ. Hitchcock récidive un an plus tard avec *Psychose* (1960). Cette fois-ci, le frisson est élevé au rang d'art. Pendant quarante-cinq secondes, le cinéaste montre un psychopathe, armé d'un grand couteau, avancer lentement vers une femme sous la douche. Ponctué par la musique stridente de Bernard Herrmann, ce huis clos oppressant reste un morceau d'anthologie. Père du thriller, Hitchcock est machiavélique. Ses films sont des machines de précision qui doivent suggérer pour émouvoir, et susciter successivement l'effroi et le sourire. Peu importe l'intrigue policière, l'essentiel n'est pas l'histoire mais la manière de la raconter. Hitchcock frappe encore avec *Les Oiseaux* (1963). Une nuée de corbeaux s'attaque aux habitants d'un village. L'angoisse est une nouvelle fois au rendez-vous...

Si Hitchcock invente un monde imaginaire, il impose à l'écran ses acteurs et actrices fétiches : Grace Kelly (*Pas de printemps pour Marnie*), Ingrid Bergman (*les Enchaînés*) et surtout Cary Grant (*la Mort aux trousses*). Ses derniers films *Frenzy* (1972) et *Complot de famille* (1976) sont des échecs. Il reçoit pourtant un Oscar consacrant l'ensemble de son œuvre. Gagné par la paralysie, il meurt sur le plateau de tournage de son dernier film.

Adolf Hitler
(1889-1945)

« Mon empire vivra mille ans. »

Hitler, la simple évocation de ce nom fait trembler. Sans doute parce qu'il est associé à la plus grande entreprise d'extermination de l'histoire de l'humanité : l'Holocauste. Ce monstre a engendré le nazisme : un régime totalitaire raciste qui a dominé l'Allemagne entre 1933 et 1945, et dont la barbarie constitue, au xxᵉ siècle, une rupture radicale dans l'Histoire.

Mais comment un homme médiocre, peintre raté, a-t-il pu s'élever à la tête d'un des plus grands États d'Europe, déclencher la Seconde Guerre mondiale et procéder à l'un des plus grands crimes de l'Histoire ?

Né en Autriche d'un père douanier, Adolf Hitler, après avoir été refusé deux fois à l'Académie des beaux-arts, mène une vie de bohème dans la capitale viennoise. Pour échapper à cette existence errante, il s'engage dans l'armée et s'illustre pendant la Grande Guerre. Profondément marqué par la défaite, humilié par l'armistice de 1918, Hitler trouve dans le NSDAP (parti national-socialiste des travailleurs allemands) l'expression organisée de son nationalisme revanchard. À la tête de ce mouvement d'extrême droite, il tente, en 1923, de prendre le pouvoir à Munich lors du « putsch de la brasserie ». Emprisonné, il écrit *Mein Kampf* (1924) où il expose ses théories antisémites et racistes.

La crise économique provoque un désarroi dans la société allemande des années 30. C'est alors que surgit Hitler, captant l'attention par ses talents d'orateur alliés à un réel charisme. Son discours démagogique désigne les ennemis du peuple allemand, de la race aryenne : les Juifs. Le NSDAP, groupuscule nazi, devient un parti de masse. Le 30 janvier 1933, le vieux maréchal Hindenburg nomme Hitler chancelier du Reich. À peine au pouvoir, Hitler dissout le Reichstag et organise de nouvelles élections. L'incendie du Reichstag (1933) permet à Hitler de faire arrêter des milliers d'opposants. Afin de rassurer les milieux d'affaires, Hitler élimine l'aile gauche de son mouvement, incarné par les SA et leur chef Röhm, lors de la Nuit des longs couteaux (1934).

Son premier objectif est de récupérer les territoires germanophones. Il profite de la faiblesse des démocraties occidentales (accords de Munich, 1938) pour envahir la Rhénanie, l'Autriche (Anschluss), les Sudètes. La pénétration des troupes allemandes en Pologne déclenche la Seconde Guerre mondiale le 1er septembre 1939.

Entouré de ses fidèles lieutenants Goebbels, Göring et Himmler, le Führer élève au rang de doctrine d'État l'antisémitisme : les Juifs sont obligés de porter l'étoile jaune, interdits d'exercer un métier, contraints de se regrouper dans des ghettos. Lors de la conférence de Wannsee (1942), un plan d'extermination industrielle (les chambres à gaz) et systématique des Juifs d'Europe est mis au point. Au total, Hitler est responsable du génocide de plus de six millions de Juifs.

Avec l'entrée des États-Unis dans le conflit (1941) et le reflux des forces allemandes à Stalingrad (1943), Hitler sent son pouvoir vaciller. Devant l'avancée de l'Armée rouge, il se réfugie dans un bunker à Berlin et se suicide en compagnie de sa maîtresse Eva Braun le 30 avril 1945.

Jean Jaurès
(1859-1914)

« Ce n'est pas seulement par la force des choses
que s'accomplira la révolution sociale.
C'est par la force des hommes. »

« Ils ont tué Jaurès » hurle la foule ce 31 juillet 1914. Le grand orateur, l'unificateur de la SFIO et l'artisan du pacifisme vient d'être assassiné. En ce début de siècle, une partie de la France est en deuil, elle vient de perdre un apôtre du socialisme français.

Ce professeur de philosophie reçu troisième à l'agrégation (après Henri Bergson) prend toute sa dimension politique pendant l'affaire Dreyfus. Jaurès défend brillamment le capitaine Dreyfus et démontre son innocence dans *la Petite République*.

Député républicain à vingt-cinq ans, ses préoccupations sociales lui font changer de camp. Dès lors, il milite pour un socialisme ouvrier et syndical. Sa voix, sa gestuelle (poings liés et mains tendues vers le ciel) en font un député hors du commun, un porte-parole exceptionnel des idées socialistes. C'est un grand orateur dans la tradition de l'éloquence parlementaire. Ses discours sont pétris d'émotion et retentissent avec force dans l'hémicycle.

En avril 1904, Jaurès fonde le journal *l'Humanité* et participe à la création de la SFIO en 1905. On lui doit d'avoir unifié les partis socialistes. En 1907, il préside l'Internationale et milite au côté de Clemenceau pour la séparation des Églises et de l'État. Menant son action politique avec fougue et sincérité, Jaurès prône le collectivisme et le syndicalisme, bien que séparé de la CGT. Ses positions sont celles d'un visionnaire. Il soutient les grévistes en 1908 et condamne violemment la répression de Clemenceau.

S'appuyant sur la tradition révolutionnaire française, Jaurès prêche, néanmoins, un socialisme républicain et international qui entend lutter contre la montée des nationalismes (crise des Balkans). Ses prises de position en matière de politique extérieure (anticolonialiste, partisan d'un rapprochement franco-allemand) lui attirent les foudres des radicaux et la haine des nationalistes. En juillet 1914, Jaurès se prononce contre la loi des trois ans visant à rallonger le service militaire et propose un service à six mois. En condamnant la guerre à l'Assemblée, Jaurès soulève le déchaînement des nationalistes qui le considèrent comme un traître. Il paye cher son combat pour la paix puisqu'il est assassiné en 1914 par Raoul Villain, adhérent de la Ligue des jeunes amis de l'Alsace-Lorraine.

Jean-Paul II
(né en 1920)

« Que Dieu rénove la Terre. »

Le 22 octobre 1978, le 264ᵉ successeur de saint Pierre, l'archevêque de Cracovie Karol Wojtyla, cinquante-huit ans, monte sur le trône pontifical sous le nom de Jean-Paul II. C'est un événement considérable, car pour la première fois depuis quatre siècles et demi, le pape n'est pas italien, mais polonais. Artisan de l'effondrement des régimes communistes dans l'Europe de l'Est, Jean-Paul II, globe-trotter infatigable, sillonne depuis plus de vingt ans la planète entière.

Né à Cracovie, Karol Wojtyla devient prêtre en 1946. Après des études à l'université dominicaine de Rome, il est nommé cardinal, puis archevêque de Cracovie en 1958. Il joue un rôle actif au Concile Vatican II (1962-1965), notamment dans l'élaboration du document sur les relations entre l'Église et le monde moderne. Membre du Synode permanent des évêques à Rome, il est élu pape en 1978 car il symbolise la lutte de l'Église et du peuple polonais contre le communisme.

Depuis 1982, Jean-Paul II apporte son soutien sans réserve au syndicat polonais Solidarité et à son chef, Lech Walesa, opposant à la dictature du général Jaruzelski. Si le pape a joué un rôle non négligeable dans l'effondrement des régimes communistes en Europe, il dénonce également les excès du capitalisme.

Malgré un attentat commis contre lui en 1981, Jean-Paul II multiplie les voyages et les rencontres interreligieuses. Chantre de l'œcuménisme, il établit des contacts avec le judaïsme et l'islam, notamment lors des rencontres d'Assise en 1986. Depuis 1994, afin de préparer l'an 2000, Jean-Paul II a entrepris un examen critique de l'action de l'Église catholique dans l'Histoire. Il demande pardon et encourage les épiscopats polonais, français et allemand à des « déclarations de repentance » sur la responsabilité de l'Église dans l'antisémitisme, l'Inquisition, les croisades, les guerres de religion, l'esclavagisme, etc. Mais il reste intransigeant sur le dogme et la morale catholique, condamnant vigoureusement le divorce, la sexualité avant le mariage, l'homosexualité, l'avortement, l'euthanasie et les femmes prêtres. De plus, il ne reconnaît pas la nécessité du préservatif pour se protéger du sida. Dans ses dernières encycliques, il invite même les fidèles à bafouer les lois de la République au nom de la liberté de conscience.

À près de quatre-vingts ans, affaibli par la maladie, il continue inlassablement de parcourir la planète dans sa *papamobile*. En janvier 1998, il se rend pour la première fois à Cuba, accueilli chaleureusement par le plus athée des chefs d'État, Fidel Castro. Accusé d'être passéiste, il crée la surprise en attirant pendant l'été 1997 un million et demi de jeunes à Longchamp lors des Journées mondiales de la jeunesse. Selon un sondage réalisé en France en 1998, Jean-Paul II devient, avec le basketteur Michael Jordan et le groupe de rap IAM, la nouvelle idole des 15-25 ans. Qui a dit que Jean-Paul II n'est pas moderne ?

Michael Jordan
(né en 1963)

« Toujours plus loin, toujours plus haut. »

L'arrière de l'équipe des Chicago Bulls est le symbole vivant du basket à travers le monde : c'est tout simplement le meilleur joueur de la planète orange, celui qui a tout gagné depuis quinze ans. Il déplace les foules comme seul le pape peut le faire. La firme américaine Nike en a fait une icône publicitaire présente dans cent quatre-vingt-dix pays. « Air Jordan » est le basketteur culte de ce siècle.

Les débuts de la star n'ont pourtant pas été faciles. Les premières tentatives de sélection sont marquées par des échecs et des brimades ; on lui reproche même sa « petite » taille (le pauvre bébé mesure à peine deux mètres !). Jordan montre alors que son talent est immense au milieu de la forêt géante des joueurs. Il n'hésite pas à aller défier des colosses plus grands que lui. Son adresse et sa combativité spectaculaires le font rapidement accepter par tous comme le meilleur.

Jordan remporte trois titres NBA consécutifs avec les Chicago Bulls (1991, 1992, 1993) et devient champion olympique en 1984 et 1992 avec la fameuse équipe américaine, la Dream Team, emmenée par Magic Johnson. Mais les dieux sont-ils éternels ? En 1993, il décide tout simplement de changer de sport et part tester ses aptitudes physiques au base-ball. Le deuil du public est grand, il vient de perdre beaucoup plus qu'une star, un modèle. Jordan est bien décidé à décrocher définitivement : « Je ne reviendrai pas sur un parquet. Jamais. À moins que ce ne soit dans une autre vie. » Une décision prise à la suite du meurtre de son père James, tué par deux malfrats.

Certains pensent alors que le champion est définitivement mort pour le basket. C'est sans compter le génie qui ronge tous les véritables champions et ne les abandonne jamais. Le 18 mars 1995, Michael pose de nouveau les pieds sur le parquet : le phénix renaît de ses cendres. Le dieu du basket est de retour après dix-huit mois d'absence. De nouveau, il revient au sommet en remportant le championnat NBA de 1996 à 1998. Avec plus de mille matches à au moins dix points marqués, Jordan est élu meilleur basketteur de tous les temps. Ce génie du basket affiche de redoutables talents d'homme d'affaires. Il lance sa propre ligne de vêtements. Il est, en 1997, l'athlète le mieux payé au monde avec des revenus avoisinant les trois cent quatre-vingt-dix millions de francs.

Franz Kafka
(1883-1924)

« Il fallait qu'on ait calomnié Joseph K. :
un matin, sans avoir rien fait de mal, il fut arrêté. »

Chacun a prononcé un jour le mot *kafkaïen* pour désigner une situation aberrante, une logique implacable qui frôle l'absurde. Vous vous êtes donc déjà trouvé aux prises avec l'univers de Franz Kafka, l'un des plus célèbres écrivains du xxᵉ siècle.

La *justification*! Question romanesque par excellence. Vécue par Kafka lui-même pendant quarante et un ans. Ce sentiment d'étrangeté dans l'angoisse d'une place à tenir. D'autant plus terrifiant qu'il se situe en vase presque clos. Celui de sa ville natale où il voit le jour le 3 juillet 1883 et qu'il ne peut jamais quitter en dépit de toutes ses tentatives. « *Prague ne nous lâche pas... cette petite mère a des griffes* ». Le futur écrivain est isolé dès sa plus tendre enfance au milieu de parents juifs qu'il qualifie lui-même de « tyranniques ». À l'écart également de ses collègues, gratte-papier à la Compagnie d'assurance ouvrière de Bohème. Assis à son bureau, Kafka rêve de littérature et d'évasion.

Le décor est planté, désormais seule compte cette quête passionnée vers l'écriture. C'est l'isolement dans la nuit qui, en quelque dix ans, lui permet d'élaborer une des œuvres majeures de notre siècle. En 1912, il écrit en quelques semaines *la Métamorphose* (publiée en 1915), histoire terrible de la lente agonie d'un homme « transformé dans son lit en véritable vermine ». Deux ans plus tard, il récidive avec *le*

Procès (publié en 1925) qui dénonce la condamnation sans aucun fondement d'un homme, Joseph K., victime de l'absurde machine bureaucratique. Univers cauchemardesque que l'on retrouve également dans *la Colonie pénitentiaire* (1919), *le Château* (1926) ou *l'Amérique* (1927). Kafka dénonce une bureaucratie toute-puissante, incohérente et arbitraire, et pousse un cri contre l'absurdité de la vie.

En dépit de quelques amitiés (Max Brod ou Milena) et de plusieurs fiançailles, c'est la solitude toujours qui transparaît chez l'écrivain praguois, en particulier dans sa *Correspondance* (1946) et dans son *Journal* (1952). Franz Kafka, méfiant par nature, demande qu'on brûle ses manuscrits après sa mort. Un souhait qui n'est pas exaucé puisque, quarante ans plus tard, des millions de personnes lisent Kafka.

John Fitzgerald Kennedy
(1917-1963)

« Ne demandez pas ce que votre pays peut faire
pour vous, mais plutôt ce que vous pouvez
faire pour votre pays. »

Mille jours à la Maison-Blanche ont suffi à faire de John Fitzgerald Kennedy une légende. Né dans une riche famille catholique irlandaise de neuf enfants, Kennedy devient à quarante-trois ans le plus jeune président des États-Unis.

C'est à bord d'un patrouilleur de l'US Army que John Kennedy s'illustre pendant la guerre du Pacifique en 1944-1945. Devenu un héros, il se lance en politique, aidé par tout le clan familial. Il est élu en 1946 député démocrate, et devient en 1952 sénateur du Massachusetts. John épouse Jacqueline Bouvier en 1953 et songe sérieusement à la Maison-Blanche.

Entouré d'une brillante et jeune équipe, il parcourt le pays incarnant le renouveau et « l'Amérique en mouvement ». Son programme relance l'esprit pionnier, vieux mythe du rêve américain : « Nous nous trouvons aujourd'hui au bord d'une nouvelle frontière... une frontière de possibilités inconnues et de périls inconnus... » Il est élu président des États-Unis le 8 novembre 1960.

Défenseur du « monde libre », Kennedy entend stopper l'expansion communiste dans le monde. Malheureusement cette politique volontariste commence bien mal. En effet, le débarquement de mille quatre cents anti-castristes dans la baie des Cochons à Cuba (avril 1961) est un fiasco complet. Cette opération destinée à renverser Fidel Castro est un échec. Mais Kennedy tient sa revanche contre le leader cubain en octobre 1962. En effet, lorsque Kennedy apprend que les Soviétiques installent des rampes de missiles nucléaires à Cuba, il décide aussitôt un blocus complet de l'île. Déterminé à ne pas céder, il contraint Khrouchtchev à retirer ses fusées. C'est avec le même sang-froid qu'il engage les États-Unis dans le piège vietnamien. Face à la construction du mur de Berlin par les Soviétiques, il se rend dans la capitale allemande et déclare en 1963, phrase devenue célèbre : « Ich bin ein Berliner. »

Aux yeux du monde, Kennedy symbolise l'Amérique jeune, riche et dynamique. Il fascine les foules par son charisme et ses talents de grand communicateur. Incorrigible séducteur, il accumule les conquêtes féminines, et charme notamment Marilyn Monroe. Bill Clinton lui ressemble sur ce point... sauf que Monica Lewinski n'est pas la divine Marilyn.

Mais le destin finit par rattraper le plus populaire des présidents américains. Le 22 novembre 1963, à Dallas, le président Kennedy assis au côté de sa femme Jackie dans une limousine décapotable s'effondre, frappé de plusieurs balles. S'agit-il de l'action solitaire d'un déséquilibré, Lee Harvey Oswald, ou d'un complot organisé par la mafia, le FBI ou les milieux anti-castristes ? Le mystère demeure, entretenant le mythe Kennedy.

Ayatollah Khomeyni
(1902-1989)

« J'ai entendu le message de votre révolution. »
Le shah d'Iran

Un homme à la longue barbe blanche, coiffé d'un turban noir, avance difficilement dans une marée humaine qui clame son nom « Khomeyni ! Khomeyni ! », ponctué de l'invocation « Allah Akbar ! » (Dieu est grand). L'ayatollah Khomeyni vient de renverser le shah d'Iran et d'instaurer la première République islamique. Khomeyni incarne désormais le réveil de l'intégrisme religieux à la fin du XXe siècle.

Né près d'Ispahan dans une famille très pieuse, Khomeyni étudie puis enseigne la théologie à Qom. Devenu le chef de la communauté chiite d'Iran en 1962, il s'oppose violemment au régime monarchique du shah. Expulsé de nombreux pays musulmans, il s'installe en France, à Neauphle-le-Château, en 1978. C'est à partir de ce village paisible que Khomeyni conduit la révolution islamique. Remarquable communicateur, il délivre ses messages révolutionnaires par les ondes ou par cassettes. Il accuse le shah d'être un dictateur corrompu à la solde des États-Unis. Il promet une révolution islamique, mélange de principes religieux et de justice sociale. Ce qui explique la présence côte à côte d'islamistes et de communistes lorsque le guide de la révolution rentre en Iran le 1er février 1979.

Quelques jours plus tard, Khomeyni s'empare du pouvoir et fonde une République islamiste dont il est jusqu'à sa mort le guide suprême. Il s'appuie sur le clergé chiite et la milice armée (les Gardiens de la Révolution) pour imposer la terreur et se débarrasser de tous les éléments révolutionnaires. Désormais seul maître à bord, Khomeyni décide des grandes options politiques et religieuses du pays, et impose une application stricte de la loi coranique (charia) : obligation du port du voile pour les femmes, loi du talion (main coupée pour les voleurs), lapidation en cas d'adultère... La Révolution est plus religieuse et conservatrice que sociale.

Fustigeant le Grand Satan américain et soucieux de souder la population derrière lui, Khomeyni encourage l'initiative des étudiants musulmans qui, le 5 novembre 1979, prennent en otages des diplomates de l'ambassade américaine. Il s'entête à poursuivre la guerre contre l'Irak (1980-1988) malgré un énorme coût humain et économique.

Avant de mourir en 1989, Khomeyni lance une condamnation à mort (*fatwa*) contre l'écrivain Salman Rushdie accusé d'avoir blasphémé l'islam dans son livre *les Versets sataniques*.

Nikita Khrouchtchev
(1894-1971)

*« Monsieur K. reste dans l'Histoire
comme le grand déstalinisateur. »*

Au cours du xxᵉ congrès du PCUS, Khrouchtchev révèle au monde les crimes de Staline. Cette entrée fracassante sur la scène politique marque le début de la déstalinisation. Mais sous son allure joviale se cache un redoutable dirigeant, responsable de la crise de Cuba, de la répression hongroise et du mur de Berlin.

Nikita Khrouchtchev est né à Kalinka, dans la province de Koursk. Comme son père, il commence par travailler à la mine. Militant révolutionnaire, il entre au parti communiste après la révolution d'octobre 1917. Fonctionnaire zélé, il gravit tous les échelons de l'appareil. Protégé par le bras droit de Staline, Khrouchtchev prend la direction du PC d'Ukraine et achève l'épuration stalinienne. Commissaire politique pendant la guerre, il participe aux combats de Stalingrad en 1943. À la mort de Staline, en 1953, il devient premier secrétaire et installe ses protégés aux postes clés.

À la tête de l'Union soviétique, il liquide l'héritage du stalinisme. Le chef de la police politique, Béria, est condamné à mort. Plus d'un million de détenus du goulag sont libérés. Les lois les plus répressives sont abolies et la mention « crime contre-révolutionnaire » est enlevée du Code pénal. En mai 1955, Khrouchtchev se réconcilie avec le maréchal Tito. En février 1956, lors du XXᵉ congrès du PCUS, il dénonce les crimes de

Staline. Cette révélation ébranle les convictions et les consciences. Ce bouleversement prend la forme d'une insurrection en Hongrie où le gouvernement d'Imre Nagy choisit de sortir le pays du carcan soviétique. Khrouchtchev envoie aussitôt les chars écraser la révolution à Budapest (automne 1956). Le souffle de liberté qui accompagne la déstalinisation n'aura pas duré longtemps. Khrouchtchev cumule alors la fonction de président du Conseil et celle de premier secrétaire du Parti, comme Staline. Les vieux réflexes n'ont pas complètement disparu.

Alors que l'URSS montre sa puissance avec ses premières armes nucléaires et ses succès dans la conquête de l'espace, Khrouchtchev prend le risque d'un affrontement majeur avec l'Ouest en faisant construire le mur de Berlin (août 1961) et surtout en installant secrètement des missiles sur l'île de Cuba (1962). Il est conduit à les retirer sous la pression des Américains.

Cette retraite précipitée de Cuba ainsi qu'une réforme agricole catastrophique discréditent Khrouchtchev. La direction du Parti décide de le remplacer par Leonid Brejnev le 13 octobre 1964.

Le Corbusier
(1887-1965)

« Une maison est une machine à habiter. »

Le Corbusier est l'architecte du siècle. Visionnaire et créateur, il a dessiné notre quotidien, inventé de nouvelles formes, donné au béton ses lettres de noblesse et terrorisé souvent l'académisme par ses audaces. Il n'est pas seulement le père des HLM sinistres et des grandes barres cauchemardesques, mais un grand poète de notre habitat, sobre, élégant et lumineux à la fois.

Charles-Édouard Jeanneret, dit Le Corbusier, naît à La Chaux-de-Fonds, dans le Jura suisse. D'abord peintre, Le Corbusier n'est pas homme à rester enfermé dans un atelier. Il faut qu'il ressente physiquement les choses qu'il représente. Une culture autodidacte fondée sur l'expérience personnelle du regard et sur le rôle du dessin. À trente ans, il s'installe à Paris. Il admire les machines avec leur fuselage parfait. Il veut une maison aussi belle et commode qu'un avion ou une automobile. Avec le peintre Ozenfant et sa revue *l'Esprit nouveau*, il défend le purisme contre un art décoratif. Durant l'exposition des Arts décoratifs de 1925, Le Corbusier fait sensation en présentant des « cellules d'habitation » avec des casiers, des chaises, des tables. Ici pas de superflu, que de l'épure. Trop à l'étroit sur la toile, Le Corbusier s'oriente vers l'architecture, qui lui permet de trouver d'autres espaces pour créer.

En 1926, Le Corbusier définit les « cinq points d'une architecture nouvelle » : le plan libre, la façade libre, la fenêtre courante, les pilotis, le toit-jardin. Cette manière inédite de bâtir n'est possible que par l'utilisation du béton. Ce matériau autorise une plus grande liberté. On peut par exemple créer des jardins suspendus ou de grandes terrasses sur les toits. Le Corbusier conçoit immédiatement des villas puristes (la villa Savoye de Poissy notamment), sortes de maisons-sculptures toutes blanches, dépouillées mais ouvertes sur la nature et le soleil. Un art d'habiter inscrit dans sa doctrine de l'urbanisme, la Charte d'Athènes (1930). Marqué par la vie en communauté, il invente l'Unité d'habitation, immeuble collectif transformé en ville. La Cité radieuse de Marseille (1952) contient une école, un gymnase, un hôpital, un restaurant, un centre commercial, un terrain de jeux...

Parfois ses utopies peuvent dégénérer. Ainsi son insensé *Plan Voisin* (1925) qui prévoit de raser le Marais, un des plus beaux quartiers de Paris, pour le remplacer par un parc d'où surgissent d'immenses bâtiments de deux cents mètres de haut.

Dans les années 50, avec la chapelle de Ronchamp, le couvent des Tourettes et la ville de Chandigarh en Inde, l'architecte joue avec les matières brutes (béton, pierre), exploite toutes leurs potentialités, les rend sensuelles, étranges. Puis Le Corbusier éprouve le besoin de retrouver une forme d'habitation minimale pour mener une vie de moine. Le « cabanon » du cap Martin répond à cette exigence. C'est une cellule de 3,66 mètres de côté et de 2,26 mètres de hauteur. Ce cube est la quintessence de son art de vivre.

Lénine
(1870-1924)

*« Le communisme c'est le pouvoir aux soviets
plus l'électricité. »*

Jamais un homme n'a soulevé autant d'espoir à travers le monde que Vladimir Ilitch Oulianov, dit Lénine. Théoricien du marxisme, partisan de l'insurrection armée, il incarne la révolution bolchevique d'octobre 1917. Ce révolutionnaire professionnel fait de la Russie tsariste la première patrie du communisme. Un événement politique sans précédent.

Le jeune Lénine n'a pas encore dix-sept ans, que son frère est pendu pour avoir participé à un complot contre le tsar. Traumatisé, il délaisse ses études d'avocat pour se consacrer exclusivement à la révolution. À partir d'une lecture assidue de Karl Marx, Lénine élabore son projet politique dans *Que faire ?* (1902) et *L'État et la Révolution* (1917). Il veut remplacer l'État bourgeois par la « dictature du prolétariat », étape intermédiaire avant l'avènement d'une société sans classes, le communisme. Seul un Parti centralisé, composé de révolutionnaires professionnels, peut guider le peuple vers cette dictature.

Après avoir connu la déportation en Sibérie (1897-1900), Lénine est contraint à un long exil après la révolution de 1905. En 1912, il fonde ce qui doit être le bras armé de la révolution, le parti bolchevique. Dans la foulée, un instrument de propagande léniniste, le journal *la Pravda* (« la Vérité ») voit le jour. Réfugié en Suisse après le déclenchement de la Première Guerre mondiale, Lénine souhaite une transformation de cette « guerre impérialiste en guerre civile » (*l'Impérialisme, stade suprême du capitalisme*, 1916).

De retour en Russie après la révolution de février 1917, Lénine est bien décidé à forcer le cours de l'histoire. C'est ainsi que, dans la nuit du 24 au 25 octobre 1917, une poignée de bolcheviks s'emparent des points stratégiques de Petrograd. Les dirigeants bolcheviques contrôlent totalement le pouvoir. Lénine préside le Conseil des commissaire du peuple, Trotski est aux Affaires étrangères et organise l'Armée rouge, Staline s'occupe des Nationalités. Lénine décrète la distribution des terres aux paysans et signe la paix (Traité de Brest-Litovsk, mars 1918). La Russie se transforme en République socialiste fédérative soviétique (URSS) en janvier 1918.

Père fondateur de la IIIᵉ Internationale, Lénine veut éliminer les grands propriétaires fonciers (*koulaks*), et nationaliser les entreprises. Face à la résistance des Blancs et à l'hostilité croissante des paysans (85 % de la population), Lénine instaure un régime de terreur. Débordé par les mutineries des marins de Kronstadt et par de grandes révoltes paysannes, Lénine met fin à un climat de guerre civile et crée la NEP (Nouvelle Politique économique). Les paysans peuvent vendre librement leurs produits ; le commerce privé est rétabli. Il meurt en 1924, vénéré comme une icône par tous les révolutionnaires du xxᵉ siècle.

John Lennon
(1940-1980)

« Imagine all the people... »

Le 8 décembre 1980, John Lennon est abattu devant la porte de son immeuble à New York. Son assassinat fait la une de tous les journaux : un Beatles est mort !

Né à Liverpool comme ses compagnons de route, John Lennon est avec Paul McCartney le plus prolifique des Beatles. Ensemble, ils composent les plus grands succès : *Love me do* (1962), *Yellow Submarine* (1969)... Lorsqu'en 1963 ce groupe inconnu passe en tête des hit-parades, John Lennon conduit à l'hystérie des milliers de jeunes filles. L'heure est à la beatlemania. Mais peu à peu les dissensions se font sentir à l'intérieur du groupe. John entend s'affirmer davantage. Le style John Lennon est à l'œuvre dans des titres comme *Penny Lane* (1967).

En 1966, il rencontre Yoko Ono qui deviendra sa femme trois ans plus tard et change radicalement de mode de vie. Ce garçonnet à la figure de poupon se métamorphose physiquement et mentalement. Il va bientôt devenir le héros pacifiste et hippie des années *peace and love*. À l'occasion de son rôle dans le film *Comment j'ai gagné la guerre* (1966), John se coupe les cheveux, maigrit et lance la mode des petites lunettes rondes. En 1970, il quitte définitivement les Beatles et commence une carrière en solo qui s'annonce prometteuse mais s'avérera difficile. John Lennon et Yoko Ono deviennent les amants interdits qui posent nus sur une pochette de disque et fument de la marijuana : *Unfinished music n° 1- 2 virgins*. Ils prennent position, à coups de scandales et de couvertures dans les magazines, contre la guerre du Vietnam, la peine de mort et prêchent la libération sexuelle. John Lennon et Yoko Ono tiennent des conférences sur l'amour et la paix depuis leur lit (les *Beds-in*).

Musicalement, John Lennon produit un album en 1969 : *The Ballad of John and Yoko*. Ce n'est qu'avec *Instant Karma* (1970) que John va triompher et retrouver un nouveau souffle. Les influences de Katmandou, la spiritualité et la non-violence sont ses thèmes de prédilection. En 1971, il écrit ce qui est peut être son plus bel album : *Imagine*. Lennon séduit le monde entier par cette ballade envoûtante et mélancolique. En 1973, la séparation avec Yoko Ono lui est douloureuse, si bien qu'il compose un album très sombre : *Walks and Bridges*. En 1975, les deux amants se réconcilient et ont un fils : Sean Leone.

À sa mort, Yoko Ono s'empare de l'image du chanteur qu'elle gère encore aujourd'hui avec une main d'acier.

Claude Lévi-Strauss
(né en 1908)

« Je hais les voyages et les explorateurs. »

Personnage clé de la pensée moderne, le nom de Claude Lévi-Strauss est indissociable de l'anthropologie (science de l'homme). Ethnologue, scientifique et philosophe il est le père de la notion de « pensée sauvage ». Figure centrale du structuralisme (étude des structures préalables au sujet), Lévi-Strauss a fait des sociétés dites primitives, et plus particulièrement des liens de parenté, un sujet d'étude.

Cet agrégé de philosophie quitte assez vite l'enseignement pour des missions ethnologiques. En 1935, alors sociologue à l'université de São Paulo (Brésil), il part au Mato Grosso puis traverse en 1938 le pays Nambikwara (*Vie familiale et sociale des Indiens Nambikwara*, 1938). Son départ pour les États-Unis en 1941 lui fait découvrir le linguiste Roman Jakobson. De là naît l'intérêt de Lévi-Strauss pour le structuralisme. Il transpose les données linguistiques dans l'étude de la famille puis des mythes. Dans ses *Structures élémentaires de parenté*, le philosophe démontre les principes universels qui régissent l'individu. L'interdiction de l'inceste conduit l'homme d'où qu'il vienne à quitter sa famille. C'est ce que Lévi-Strauss nomme « le système de parenté ». Il étudie les conditions qui déterminent l'individu : sa place, sa fonction dans le groupe.

De retour en France, Lévi-Strauss est nommé sous-directeur du musée de l'Homme. Admiré par ses confrères scientifiques et plus généralement par les intellectuels (Beauvoir, Bataille...), Claude Lévi-Strauss devient la référence obligée du structuralisme. En 1952, il publie *Race et Histoire* et démontre la diversité des cultures. Il condamne la position des différentialistes et les visions traditionnelles de l'ethnologie en proclamant que toutes les cultures se valent. En 1955, la publication de *Tristes Tropiques* lui ouvre un nouveau public. Il touche ici à un nouveau genre, plus littéraire cette fois. Sorte de carnet de voyage, ce livre retrace les pérégrinations de l'explorateur auprès de différentes tribus. C'est un plaidoyer pour la revalorisation des cultures dites primitives.

En 1959, le maître obtient une chaire au Collège de France, fonde la *Revue de l'homme* (1961), est élu à l'Académie française (1973). Entre 1964 et 1971, Claude Lévi-Strauss publie un inventaire considérable de tous les rites humains : *les Mythologiques*. De même qu'il le fit pour la famille, il souligne l'ossature universelle présente dans chaque mythe.

Martin Luther King
(1929-1968)

« Je rêve que mes quatre jeunes enfants vivront
un jour dans un pays où on ne les jugera pas
à la couleur de leur peau, mais à la nature
de leur caractère. »

4 avril 1968 : le pasteur King, chef de file du mouvement des Noirs américains en lutte contre la ségrégation raciale, est assassiné à Memphis, dans le Tennessee. Un deuil national est décrété. Apôtre de la non-violence, disciple de Gandhi, Martin Luther prône le pacifisme et n'a jamais cessé de se battre pour la reconnaissance des Noirs dans la société américaine, cent ans après l'abolition de l'esclavage.

Né à Atlanta d'un père baptiste, il devient à son tour pasteur baptiste à Montgomery (Alabama) en 1951. Il fait parler de lui pour la première fois en inventant une nouvelle arme de lutte : le boycottage. En 1955, une femme noire est chassée de la portion d'un autobus réservée aux passagers blancs. Le pasteur King organise un mouvement de boycottage des autobus de la compagnie qui dure trois cent quatre-vingts jours. Un an plus tard, la ville de Montgomery cède et met fin à la ségrégation dans les transports municipaux.

C'est le début de la renommée nationale pour King. Il devient président de la SCLC (*Southern Christian Leadership Conference*), association de pasteurs qui militent pour les droits civiques des Noirs. Partout où les Noirs sont victimes du racisme, King est présent. Il mène campagne pour que les enfants noirs et blancs fréquentent les mêmes établissements scolaires, ce qu'il obtient en 1957.

À partir de 1960, King organise des *sit-in*, manifestations non violentes pendant lesquelles les manifestants s'assoient dans un lieu public et attendent que la police les déloge. Ces actions ouvrent aux Noirs l'entrée des restaurants et de divers lieux publics. Des « marches de la liberté » permettent aux Américains de prendre conscience de l'ampleur du problème noir. Le 28 août 1963, King clôt la marche sur Washington par un discours prononcé devant deux cent cinquante mille manifestants « Je fais un rêve », hymne à l'intégration raciale. Il reçoit le prix Nobel de la paix (1964). Les lois de 1964 et 1965 sur les droits civiques et sur le droit de vote des Noirs consacrent son action.

En 1964, King est au sommet de sa popularité, quand les violences dans les ghettos pauvres (Harlem, Watts) signalent la faillite de ses méthodes. Sa persistance à prôner la non-violence exaspère les Noirs impatients d'obtenir une amélioration de leur niveau de vie. King sait que sa vie est en danger ; d'autres leaders du mouvement des droits civiques sont abattus dans les États du Sud.

L'assassinat de King (4 avril 1968) entraîne des émeutes à Los Angeles, (émeutes de Watts) et dans cent cinquante autres villes. La communauté noire se divise entre ceux qui veulent s'intégrer et ceux qui prônent la violence (Les Black Panthers, le leader du nationalisme noir, Farrakhan, aujourd'hui). Avec la mort de King, ce n'est pas seulement un homme courageux qui disparaît, c'est un rêve, celui d'une Amérique pluriethnique et tolérante.

René Magritte
(1898-1967)

« Ceci n'est pas une pipe. »

Des feuilles-oiseaux, des pierres en lévitation, des hommes en redingote noire et chapeau melon qui tombent sur la ville. Le spectacle est inattendu, surprenant. Le peintre Magritte a modifié les apparences.

Fortement influencé par le cubisme et le futurisme, ce dessinateur et peintre belge étudie d'abord à l'Académie des beaux-arts de Bruxelles. Impressionné par les collages du surréaliste Max Ernst et les peintures métaphysiques de Di Chirico *(Chant d'amour)*, Magritte va devenir le porte parole du mouvement surréaliste et le directeur de la revue *Œsophage*. Sa peinture invite l'esprit à se retourner pour mieux réfléchir sur les mécanismes de la représentation. Elle n'est pas une invitation au voyage. Ce serait mal comprendre le peintre que de le croire. La célèbre image de l'oiseau dont le corps est traversé par les nuages n'est pas qu'un moment de poésie. Et la pipe suivie de la légende « Ceci n'est pas une pipe » n'est pas non plus une démonstration par l'absurde. Ce que veut dire Magritte, c'est que les choses n'existent pas en dehors de la perception que nous en avons : ceci n'est pas une pipe, c'est seulement la représentation que nous avons d'une pipe.

Bien entendu, on retrouve dans cette démarche philosophique la main du plasticien. Les formes sont lisses, presque palpables, les tons clairs et tranchés. Magritte a considérablement marqué le mouvement

surréaliste par ses toiles à caractère illusionniste
(*le Jockey perdu*, 1926). Si le spectateur se sent désar-
çonné devant ses tableaux, c'est que l'inspiration du
peintre n'est pas abstraite. Il puise ses modèles dans
la vie quotidienne, ordinaire. Il ne crée pas de nouvelles formes, il en inverse les propriétés. Cela donne
une impression déroutante, comme ce train qui s'ap-
prête à sortir du tableau. Magritte sort les objets de
leur contexte, provoque des rapprochements inatten-
dus (Une pipe dont le tuyau est un ver de terre), animé
toujours par cette volonté de faire réfléchir le spectateur sur le langage et la nature de son regard.
Magritte se sert de la peinture pour penser. Méfiez-
vous des apparences, semble-t-il nous dire, la réalité
n'est pas toujours ce que l'on croit.

André Malraux
(1901-1976)

« Le XXIe siècle sera spirituel ou ne sera pas. »

Écrivain, aventurier, combattant, ministre gaulliste, amateur d'art, André Malraux possède de
multiples visages et plusieurs vies. C'est l'homme
complet du XXe siècle, à la fois dans l'action et dans
la réflexion. Intellectuel engagé, il se trouve toujours
là où se construit l'Histoire. Ce génie insaisissable a
construit une œuvre magistrale à la dimension de son
existence, totale et mythique.

Né à Montmartre, Malraux s'embarque à vingt ans,
avec sa jeune femme Clara, pour l'Indochine. Emprisonné pour avoir volé des statues dans un temple
khmer, il prend conscience des méfaits du colonialisme. Porte-parole de l'extrême gauche révolutionnaire, il raconte la révolution chinoise dans *les
Conquérants* (1928). Avec *la Condition humaine*
(1933), couronné par le prix Goncourt, Malraux se
bâtit une solide réputation d'écrivain engagé. Mais
un autre terrain d'action et d'écriture l'appelle désormais : la guerre d'Espagne. Rangé aux côtés des républicains, il se bat contre la menace fasciste en prenant le commandement de l'escadrille España. Une
expérience relatée dans l'*Espoir* (1937), illustrant le
combat que mène l'homme contre l'humiliation, au
nom de la fraternité et de la dignité.

Profondément marqué par les événements qui
secouent l'Europe durant la Seconde Guerre mondiale, Malraux a changé. Dès lors, la lutte pour la
grandeur et la survie de la nation doit prévaloir sur

la lutte d'hier contre l'injustice sociale. Le militant révolutionnaire s'efface derrière le soldat patriote. Engagé volontaire en 1940, Malraux combat dans les chars d'assaut. Blessé, fait prisonnier, il s'évade et rejoint la Résistance en 1943. Sous le nom de colonel Berger, il crée la brigade Alsace-Lorraine qui délivre les villes de l'est de la France.

À la Libération, il rencontre l'homme de son destin, Charles de Gaulle. Dès lors, il ne quitte plus l'homme du 18-Juin, dont il reste, jusqu'au bout, l'un des fidèles. L'écrivain devient son ministre de l'Information (1945), puis des Affaires culturelles de 1958 à 1969. Au-delà de cette fonction, il représente la Culture. Il fait connaître Picasso et l'art nègre à la France, développe les maisons de la culture, fait voyager la *Joconde* au Japon. Ce dévoreur de civilisations n'est jamais rassasié. Il veut être le premier, le « voyant », le prophète. Un éclaireur du siècle. Il pouvait parler de tout : des mythes grecs, de l'art khmer, des cubistes, de Gandhi...

En marge du pouvoir, Malraux poursuit sa réflexion sur l'art. Dans l*es Voix du silence* (1951) et l*a Métamorphose des dieux* (1957) notamment, il dégage une signification commune à toutes les œuvres d'art : « L'art est un anti-destin. » Toute forme esthétique arrache l'homme de l'emprise du temps. Dans ses *Antimémoires* (1967) l'écrivain se livre à un flash-back sur les faits essentiels de sa vie, ses rencontres avec les grands hommes (de Gaulle, Nehru, Mao Zedong...), avec la mort et la souffrance.

Nelson Mandela
(né en 1918)

*« Ma faim de liberté personnelle est devenue faim
de liberté pour mon peuple. »*

11 février 1990 : Nelson Mandela est libre. Celui
que le pouvoir blanc d'Afrique du Sud a souhaité
briser est devenu le symbole de la lutte contre l'apartheid, l'oppression et l'injustice. Il aura consacré sa
vie à lutter pour les siens.

Expulsé de l'université pour ses premières prises
de position contre l'apartheid, Mandela rejoint en
1944 le Congrès national africain (ANC), principal
mouvement nationaliste noir, dont il prend la tête en
1945. L'ANC lutte par la non-violence contre l'apartheid, système discriminatoire mis en place après les
élections de 1948 par le parti national afrikaner. En
1952, à l'occasion de la première campagne de désobéissance civile, Mandela devient l'avocat des communautés noires. Après le massacre de Sharpeville en
1960, il se lance dans l'action clandestine, abandonne
l'action non violente et crée la branche militaire de
l'ANC. Emprisonné en 1962 pour incitation à la grève,
Mandela est condamné à la prison à vie en 1964. Il
passe vingt-sept ans en prison, refusant toute libération conditionnelle.

À partir de 1985, l'Afrique du Sud connaît une véritable guerre civile, entre mouvements d'opposition :
l'ANC et l'Inkhata. La communauté internationale
impose des sanctions économiques pour condamner
l'apartheid. C'est dans ce climat que De Klerk arrive
au pouvoir en 1989. Libéral et pragmatique, il légalise

tous les partis d'opposition (1990) et annonce la suppression des lois d'apartheid puis libère Mandela. Un vieil homme quitte la prison. Il y était entré comme activiste, c'est un mythe qui en ressort.

De son côté, l'ANC accepte de négocier une nouvelle Constitution. Les premières élections multiraciales ont lieu le 27 avril 1994. Une démocratie pluraliste et multiraciale est née. Après des élections remportées par l'ANC en 1994 (63 % des sièges) Mandela devient le président noir d'un pays qui a renoncé à sa doctrine raciste. Mandela et De Klerk reçoivent conjointement le prix Nobel de la paix. L'Afrique du Sud a réussi à sortir d'un système totalitaire pour ériger une véritable démocratie.

À quatre-vingts ans, le leader de l'ANC a choisi de se retirer du pouvoir et de laisser son dauphin, Thabo Mbeki, lui succéder à la présidence de l'Afrique du Sud. Les questions majeures pour tous les Sud-Africains aujourd'hui sont la lutte contre le chômage et la bataille contre la criminalité et la corruption. La tension politique existe toujours : en avril 1993, Chris Hani, secrétaire général de l'ANC et leader anti-apartheid le plus populaire après Mandela, est assassiné par un commando d'extrême droite. L'Afrique du Sud n'a pas refermé totalement ses plaies.

Mao Zedong
(1893-1976)

« Du grand chaos naîtra un grand ordre. »

Mao, le Grand Timonier, représente à la fois le maître de la Chine communiste, le guide terrifiant de la Révolution culturelle et l'auteur d'un best-seller universel *le Petit Livre rouge*. Vénéré de son vivant au point que les Chinois n'osaient pas prononcer son nom, son portrait trône encore aujourd'hui sur la place Tian'anmen.

Fils de paysan, le jeune Mao préfère les livres à la charrue. Il obtient un poste de bibliothécaire-adjoint à l'Université de Pékin. Converti au marxisme, Mao est l'un des fondateurs du parti communiste chinois en 1921. Contre la majorité du Parti, Mao pense que la révolution communiste en Chine doit s'appuyer sur les masses paysannes. La situation lui donne raison.

En effet, en 1927, les nationalistes dirigés par Tchang Kaï-chek massacrent leurs anciens alliés communistes à Shanghai et dans d'autres villes. Avec un parti communiste coupé de ses bases urbaines, la révolution ne peut avoir lieu. Réfugié dans les montagnes du sud de la Chine, Mao fonde dans le Kiangsi le premier laboratoire expérimental du communisme chinois : distribution des terres, organisation d'une armée populaire et mise en place d'une propagande intensive. Assiégé par les nationalistes, Mao organise la Longue Marche (1934-1935) : sur plus de 9 000 km cent mille personnes le suivent jusqu'au nord de la Chine. Ils ne sont que vingt mille à l'arrivée.

Après avoir été l'allié de Tchang Kaï-chek contre

l'invasion japonaise (1937), Mao, chef du parti communiste chinois, déclenche une offensive contre les forces nationalistes et proclame le 1ᵉʳ octobre 1949 à Pékin la République populaire de Chine. Aligné d'abord sur le modèle soviétique, il s'engage très vite dans un communisme à la chinoise : collectivisation des terres, élimination des opposants au régime (répression des Cents Fleurs en 1957). La mise en place d'une économie reposant sur l'agriculture et l'industrie (Le Grand Bond en avant de 1958) provoque une catastrophe économique et une pénurie alimentaire sans précédent. Plus de quinze millions de Chinois sont morts de faim.

Paranoïaque, Mao orchestre, au printemps 1966, la Révolution culturelle. Il s'appuie sur les Gardes rouges qui exécutent plus de cent mille opposant chinois. Les intellectuels doivent retourner aux champs travailler la terre sous peine d'être envoyés dans des camps de « rééducation idéologique ». La femme de Mao, Jiang Qing, organise un véritable culte de la personnalité. Chaque Chinois doit lire *le Petit Livre rouge*, condensé de la pensée du Grand Timonier. La terreur et la délation règnent partout. Devenu un tyran sénile, Mao est une marionnette tiraillée entre réformateurs (Zhou Enlai, Deng Xiaoping) et conservateurs (la bande des Quatre). C'est dans cette atmosphère délétère, de luttes de clans, que Mao Zedong s'éteint en 1976.

Bob Marley
(1945-1981)

« Get up ! Stand up ! Don't give up the fight ! »

Bob Marley est sans conteste le prophète du reggae. Qui n'a en tête au moins l'un de ses refrains ? Qui s'intéresserait à la Jamaïque, son île de naissance, s'il n'avait attiré sur elle l'attention du monde entier ? En 1974, l'Occident découvre ce métis aux cheveux tressés, qui se dit descendant du peuple élu, appelle à un soulèvement mondial contre les oppressions matérielles et spirituelles et fait découvrir au monde entier le reggae, musique descendant du ska, au rythme souple et lancinant.

Dans sa jeunesse, à la Jamaïque, Bob préfère le football aux études, mais il baigne déjà dans un climat musical. En effet sa mère pratique et écrit des chants religieux. Pour nombre de jeunes Jamaïcains, la musique représente l'un des rares moyens d'échapper à la misère des ghettos ou au travail harassant dans les mines de bauxite. Les débuts de Bob Marley sont difficiles. Il s'associe avec Jimmy Cliff pour former en 1963 les Wailers. Un groupe rebelle qui célèbre les gangsters dans ses chansons et se taille une solide réputation dans le ghetto dur de Trenchtown. Bob Marley, la voix du groupe, prône la prochaine libération du peuple noir. Coiffé d'un béret aux couleurs de la Jamaïque et un colt à la main, il pose en tenue de Black Panther, mouvement nationaliste noir.

En même temps qu'il fait évoluer le ska primaire, binaire, vers le reggae, bien plus fluide, Bob Marley s'enracine chaque jour davantage dans la culture rasta. À partir de 1971, la réputation des Wailers dépasse le simple territoire des îles de la Caraïbe. L'album *Burnin'* est un succès. Il contient de nombreux classiques : *Get Up Stand Up, Put it on* et surtout *I Shot The Sheriff*, inspiré par la violence qui règne à la Jamaïque. La reprise de cette chanson par Eric Clapton se classe n° 1 aux États-Unis. Mais le groupe se disloque. Bob Marley, désormais seul, est reconnu dans le monde comme le maître du reggae. En Jamaïque, il est considéré comme un dieu vivant, héritier du rebelle Marcus Garvey et du roi éthiopien Hailé Sélassié. Au cours d'un concert, il oblige les deux leaders politiques de la Jamaïque à se serrer la main, provoquant une trêve miraculeuse dans leur lutte sanglante. Mais l'espoir est de courte durée. Marley, désabusé par la politique, préfère militer par la musique. Ses messages tiers-mondistes dénoncent en particulier les politiciens corrompus qui abandonnent leur peuple dans la famine.

Il meurt le 11 mai 1981 des suites d'un cancer du poumon, laissant un héritage musical toujours intact et qu'aucune autre vedette du reggae n'a réussi à éclipser.

Henri Matisse
(1869-1954)

« Un peintre n'existe que par ses tableaux. »

La vocation de ce grand maître de la peinture occidentale, chef de file du fauvisme? Une pure chronique familiale. Une simple boîte de couleurs, offerte par sa mère pour tromper l'ennui. À vingt et un ans, ce fils d'épiciers aisés, étudiant en droit dans le Nord, n'est pas destiné à être peintre.

Un an plus tard, il est pourtant inscrit à Paris au cours de peinture de l'Académie Juliard. En 1892, avec son ami Albert Marquet, il est admis à l'École des beaux-arts dans l'atelier du symboliste Gustave Moreau. Un premier voyage en Bretagne le fait s'enthousiasmer pour la lumière et l'espace, amorçant déjà un retour à la couleur pure avec *la Table servie* (1897). Un second voyage en Corse et dans le sud de la France approfondit encore sa recherche et en 1905, au Salon d'Automne, *la Femme au chapeau* fait scandale par la violence de ses tons.

Cette toile devient le manifeste du fauvisme, le premier mouvement avant-gardiste de la peinture du xxᵉ siècle. Les fauves, Matisse, Derain, Vlaminck célèbrent les couleurs vives et pures. Si *la Joie de vivre* (1906), puis *la Danse* et *la Musique* (1910) se distinguent par la vivacité de leurs teintes, sa découverte du Maroc et de l'art islamique lui ouvre de nouvelles perspectives, de *Nature morte aux oranges* (1913) à l'*Odalisque au pantalon rouge* (1925). Toutes les figures décoratives sur un fond ornemental illustrent son souci d'un équilibre entre dessin et couleur.

Avec la fresque murale pour la Fondation Barnes de Mérion (1931-1933), c'est l'art décoratif qui jaillit véritablement grâce à la technique des gouaches découpées, tandis que son trait s'épure lentement avec le retour au crayon et à la plume. Du *Nu rose* (1935) aux sérigraphies *Polynésie : la mer* (1946), les toiles sont des invitations au rêve et à l'abstraction. Un sentiment de paix intérieure qui semble traverser toute l'œuvre de Matisse. Une sérénité qui s'exprime dans les vitraux de la chapelle du Rosaire de Vence (achevés en 1951) où règne une harmonie parfaite entre formes, surfaces et lignes.

Sa réputation internationale lui vaut un musée à son nom dans sa ville natale de Cateau-Cambrésis en 1952.

Eddy Merckx
(né en 1945)

*« Il n'y aura jamais qu'un seul Eddy Merkx
dans l'histoire du cyclisme. »*
Jacques Goddet

Eddy Merckx est un champion cycliste comme on n'en fait plus. Celui qu'on surnommait « le canni-bale » appartient au cercle très fermé des quintuples vainqueurs du Tour de France (Jacques Anquetil, Bernard Hinault, Miguel Indurain). Il gagna sept fois le Milan-San Remo, cinq fois le Tour d'Italie, fut trois fois champion du monde et détient le record de victoires d'étapes (trente-quatre) sur le Tour de France.

Le 21 juillet 1969, Neil Armstrong fait ses premiers pas sur la Lune et Eddy Merckx conquiert la planète terre. Ce jeune Belge vient de gagner le Tour de France. C'est l'aboutissement d'années de labeur et le commencement d'une carrière.

Entre 1966 et 1968, le champion se prépare. Il accu-mule les courses et se distingue des autres coureurs par une étonnante pugnacité. La défaite lui est intolé-rable. En 1966, Eddy remporte le Milan-San Remo et participe l'année d'après à son premier grand Tour : le Tour d'Italie. Il le remporte haut la main ainsi que le Milan-San Remo et la Flèche-Wallone. Athlète majes-tueux au mental de gagneur, Merckx force l'admiration de ses adversaires. Lors du Tour de France 1967, Feli-cien Vervakae affirme : « Il y a un futur champion du monde chez ce jeune débutant. » L'histoire lui donne raison puisqu'il gagne le championnat du monde en 1967. Enfin, vient l'heure du Tour de France 1969.

Le coup de pédale de Merckx est dévastateur, il ne cesse de creuser l'écart. Ce dieu du vélo a tout juste vingt-quatre ans et vient de gagner toutes les étapes contre la montre (à l'exception du Paris-Roubaix). À la fois grimpeur et descendeur, Merckx prend des risques : il est sacré meilleur sportif mondial en 1969. Cette même année, il est exclu du Tour d'Italie. Il est contrôlé positif. C'est un coup bas pour le jeune athlète qui clame son innocence. Acquitté, mais effondré, il exige d'être contrôlé tous les jours. Hanté par l'idée de se faire justice, il fait en 1970 son premier doublé : Tour d'Italie et Tour de France. L'honneur est sauf !

En 1971, il gagne le Paris-Nice et le Milan-San Remo. Comme il arrive aux plus grands, le public attend de le voir tomber. Contre toute attente, Merckx remporte les Tours de France 71 et 72 ainsi que la plupart des autres courses. En 1973, victime d'une crampe, il perd le Tour mais le gagne en 1974 alors qu'il est atrocement malade. Pour la troisième fois, il endosse le maillot de champion du monde. Sur le Tour de France 75, Eddy Merckx pédale au ralenti et se fracture la mâchoire. Il mènera sa défaite comme il a toujours mené ses victoires : jusqu'au bout.

François Mitterrand
(1916-1996)

« Il faut laisser le temps au temps... »

Onze fois ministre, deux fois président de la République, homme de droite puis de gauche, celui que le général de Gaulle appelait « le Rastignac de la Nièvre », est un animal politique hors du commun, un prince machiavélien.

François Mitterrand n'est pas né fils du peuple, mais appartient à une famille bourgeoise aisée et dévote. Jeune homme conformiste, il fréquente la droite nationaliste mais s'intéresse davantage à la littérature qu'au militantisme. Fait prisonnier en 1940, il s'évade pour aller retrouver celle qu'il aime, Catherine Langeais. En 1942, il travaille comme haut fonctionnaire pour Vichy, ce qui lui vaut d'être décoré de la francisque par le maréchal Pétain. En 1943, il entre dans la Résistance sous le nom de Morland. À la Libération, réfractaire au communisme, opposé au général de Gaulle, il devient député de la Nièvre (1946) et l'un des chefs de l'UDSR (Union démocratique et socialiste de la Résistance). Il participe à divers gouvernements de la IVe République, notamment comme ministre de l'Intérieur du gouvernement Mendès France.

Avec l'arrivée du général de Gaulle au pouvoir (1958), François Mitterrand devient son principal opposant et se convertit au socialisme. Dans son livre *le Coup d'État permanent* (1964), il accuse la Ve République d'être une monarchie républicaine taillée pour le général. Après son échec aux élections présidentielles de 1965, Mitterrand prend la tête du nouveau parti socialiste au congrès d'Épinay (1971). Grâce à son alliance avec les communistes (Programme commun) et face aux divisions de la droite, François Mitterrand est élu le 10 mai 1981 président de la République avec 51,7 % des voix. Il adopte la posture d'un monarque républicain, laissant à ses Premiers ministres une faible marge de manœuvre. Il entreprend de « changer la vie » en rendant la société plus égalitaire (impôts sur les grandes fortunes), plus solidaire (retraite à soixante ans, cinquième semaine de congés payés, semaine de trente-neuf heures) et moins capitaliste (nationalisations). Il abolit la peine de mort.

Mais dès 1983, Mitterrand abandonne le programme socialiste au nom de la rigueur budgétaire : combat contre l'inflation, arrêt des nationalisations, privatisations. L'exclusion et le chômage progressent tandis que l'extrême droite s'installe dans le paysage politique. Profondément européen, Mitterrand contribue à la réconciliation franco-allemande et à la signature des accords de Maastricht (1992). Mais il ne comprend pas la réunification allemande et l'évolution politique de l'URSS.

Les dernières années prennent la forme d'une fin de règne : suicide de Pierre Bérégovoy, révélation des affaires (Pelat, Carrefour du développement...) On apprend qu'il est atteint d'un cancer depuis 1981 et qu'il a une fille cachée, Mazarine. Plus grave : la révélation sur son passé à Vichy et son amitié avec René Bousquet, exécuteur de la rafle du Vel' d'Hiv'. Comme les grands bâtisseurs, le sphinx Mitterrand mène une politique de grands travaux (pyramide du Louvre, Opéra Bastille, Grande bibliothèque, arche de la Défense).

Jean Monnet
(1888-1979)

*« Nous ne coalisons pas des États,
nous unissons des hommes. »*

Considéré comme le père de l'Europe, Jean Monnet militera toute sa vie pour une Europe politique, persuadé qu'il ne peut y avoir de paix sans fédération.

Élève médiocre, Jean Monnet travaille dans l'entreprise familiale et fait ses preuves comme négociateur international. Nommé en 1919 secrétaire général adjoint à la SDN, il quitte cette organisation pour une brillante carrière d'économiste et de financier. Au début de la Seconde Guerre mondiale, Jean Monnet est nommé président de la Coordination de l'effort de guerre alliée. En 1943, il se rend à Alger et devient un membre du Comité de la libération nationale. Cet économiste est à l'origine du Plan de modernisation et d'équipement de la France (1945). Il devient l'année d'après commissaire au Plan. Convaincu depuis toujours de la nécessité d'une Europe unie, cet anti-de Gaulle par excellence s'acharnera toute sa vie à imposer l'idée d'une Europe supranationale.

En 1951, il jette les bases de la CECA (Communauté européenne du Charbon et de l'Acier) plus connue sous le nom de Plan Schuman. Premier président de la CECA, Jean Monnet quitte son poste en 1955 afin de « pouvoir participer dans l'entière liberté d'action et de parole à la réalisation de l'unité européenne ». Il milite avec acharnement contre les technocrates et propose en 1954 l'idée audacieuse de la CED (Communauté européenne de défense) fondée sur l'intégration des soldats allemands dans une force militaire européenne. Mendès France rejette son projet.

Assombri mais nullement découragé, Jean Monnet crée en 1955 le Comité d'action pour les États-Unis d'Europe, auquel les plus grands noms de la politique vont adhérer. Ce comité joue un rôle décisif dans l'élaboration et la mise en œuvre du traité de Rome (1957) qui allait constituer la CEE (Communauté économique européenne).

Symbole de l'édification européenne, Jean Monnet s'inscrit dans la lignée d'Aristide Briand ou d'Alcide de Gasperi qui souhaitaient avant tout une Europe politique. L'Europe économique que nous formons aujourd'hui laissera-t-elle place à leurs volontés?

Marilyn Monroe
(1926-1962)

« Happy birthday to you, Mr President ! »

Née de père inconnu et de mère folle, confiée à différentes familles adoptives, mariée à dix-sept ans et divorcée trois semaines après — le personnage de Marilyn Monroe s'éclaire à la lueur d'une enfance douloureuse. Tout au long de sa vie, elle manquera de repères et n'aura pas la force suffisante pour assumer le rôle de séductrice, un brin vulgaire, qu'on lui prêtera.

Multipliant les petits rôles : *Quand la ville dort* de John Huston (1950), *Ève* de Joseph Mankiewicz (1950), *Niagara* de Henry Hathaway (1953), elle prend sa réelle dimension dans la comédie. Dans *Sept Ans de réflexion* de Billy Wilder (1955) et *Certains l'aiment chaud* (1959), elle incarne une femme séduisante et naïve. Avec la célèbre scène de la bouche du métro qui soulève sa robe blanche, Marilyn devient célèbre et connaît une gloire fulgurante. Sa beauté généreuse et incendiaire, son sens de l'humour et de la repartie : « Que portez vous pour dormir miss Monroe ? — Une goutte de Chanel N° 5 » en font l'actrice la plus populaire des années 60. Innocente et scandaleuse à la fois, elle pose nue dans un calendrier (1950) et brille dans de nombreuses comédie musicales (*les Hommes préfèrent les blondes*, 1953). Le public, relayé par la machine hollywoodienne, la réduit à l'image d'un sex-symbol, ce dont elle souffrira toute sa vie.

Son véritable drame provient de ce fossé entre le

personnage public (la *glamour girl*) et la fragilité enfantine de la femme privée. De cette opposition naîtront souffrance et cruelles dépressions. Sa vie privée est un échec. En 1954, elle se marie avec le célèbre joueur de base-ball Joe Di Maggio et divorce un an après. L'écrivain Arthur Miller lui voue une passion extrême, l'épousant et lui offrant sans doute son plus beau rôle dans les *Misfits* (1961). Leur couple s'effondre quelques mois plus tard.

La jeune femme a des amants célèbres, Yves Montand dont la relation fut maintenue secrète et surtout J.F. Kennedy. Rayonnante, naturelle et envoûtante, elle devient une femme enviée lorsqu'elle fait comprendre au monde entier qu'elle est la maîtresse du président des États-Unis.

Trouvée morte dans son bungalow de Brentwood près de Los Angeles, un flacon de barbituriques à la main, Marilyn est déclarée suicidée le 3 août 1962. Sa mort a plongé le monde dans un grand désarroi. Elle incarnait le rêve américain.

Yves Montand
(1921-1991)

« Tu vois je n'ai pas oublié.
Les feuilles mortes se ramassent à la pelle.
Les souvenirs et les regrets aussi. »

« Lorsque ma mère m'appelait dehors, elle criait :
"Yves, monta !". » C'est ainsi que le petit Ivo Livi, né le
13 octobre 1921 à Monsummano Alto, devient Yves
Montand en 1929 à Marseille. Dans la misère bigarrée
des faubourgs, il découvre Charles Trenet qui lui
donne envie de chanter. Après les galas populaires,
ses chansons et ses imitations font un tabac à l'Alca-
zar, le 21 juin 1939. Sa virtuosité féline et tendre
emporte l'adhésion générale. Fuyant la police allemande, il débarque à Paris où, en 1944, ses airs ryth-
més et syncopés séduisent le public de l'A.B.C. Avec
Édith Piaf, il découvre un nouveau répertoire musical. *Luna Park* et *les Grands Boulevards* en 1945,
Battling Joe (1946) le consacrent roi du music-hall.

Au cours de l'été 1949, en compagnie de Jacques
Prévert, il fait la rencontre de sa vie : Simone Signo-
ret. « Elle avait les pieds nus et le style gitane » dira-
t-il plus tard. Ils se marient le 21 décembre 1951 à
Saint-Paul-de-Vence. Ensemble, ils se jettent dans
l'aventure politique. Sympathisants communistes, ils
participent au Congrès des Peuples de 1952 et jouent
les Sorcières de Salem d'Arthur Miller (1955). Yves
Montand atteint la consécration avec son récital à
l'Étoile. Plus de deux cents représentations. *Les
Feuilles mortes* sont disque d'or dès 1953. Mais, lorsqu'en octobre 1956 les chars soviétiques écrasent la

révolution hongroise et malgré une tournée triomphale dans les pays de l'Est, Montand se sent dupé et s'éloigne du communisme. Puis c'est l'aventure américaine. Montand séduit Broadway, Hollywood et Marilyn Monroe avec laquelle il tourne *le Milliardaire* de George Cukor (1960).

De retour en France, *Compartiment tueurs* (1965) de Costa-Gavras le lance dans une fructueuse carrière cinématographique : *Z* (1969), *l'Aveu* (1970), *la Folie des grandeurs* (1970), *César et Rosalie* (1972), *le Choix des armes* (1981). Acteur, chanteur, il incarne aussi la vedette en colère des années 80. « Ni rouge, ni mort, mais libre », il est de tous les combats. À soixante-sept ans, le « papet » de *Jean de Florette* et de *Manon des Sources* (1986) devient même papa. Sa nouvelle compagne lui donne un petit Valentin avant qu'il ne meure en 1991.

Jean Moulin
(1899-1943)

« Pauvre roi supplicié des ombres,
regarde ton peuple d'ombres se lever dans la nuit
de juin constellée de tortures. »
André Malraux

L'engagement de Jean Moulin dans la Résistance et les actes héroïques dont il fit preuve s'expliquent par son attachement aux valeurs républicaines. Son père, laïque, était un fier admirateur de Gambetta et Hugo. Son fils n'avait pas d'autre choix que de servir la République. En devenant héros et martyr national, Jean Moulin fit davantage : il la sauva.

Homme de gauche, Jean Moulin se destine à une brillante carrière de préfet. Séduisant et sportif, il cultive son goût de la peinture et des jolies filles. À quarante-deux ans, Moulin aurait pu attendre patiemment la fin de la guerre : il choisit la désobéissance. En juin 1940, ce préfet d'Eure-et-Loir tente de se suicider afin de ne pas signer un document compromettant l'armée française. Révoqué par le gouvernement de Vichy, Jean Moulin gagne Londres le 25 octobre 1941 et rencontre le général de Gaulle.

Tout sépare les deux hommes, si ce n'est un même dévouement pour la République. Jean Moulin est parachuté dans la zone Sud dans la nuit du 1er au 2 janvier 1942. Il est le représentant personnel du général de Gaulle et délégué du comité national. Jean Moulin, alias Rex ou Max, est chargé d'unifier les forces de la Résistance. Il mène sa tâche efficacement : en trois mois, les trois principaux groupes de la Résistance (Combat, Libération et Franc-Tireur) se rallient au général de Gaulle. Une armée secrète est créée et un Conseil national de la Résistance voit le jour sous la présidence de Jean Moulin. Celui-ci pèse de tout son poids dans la légitimité du général de Gaulle face aux Américains. Le 26 janvier 1943, Moulin réussit à unifier les trois mouvements de résistance en un seul, le MUR (Mouvements unis de la Résistance).

Six mois plus tard, le 21 juin 1943, une réunion secrète a lieu chez le Dr Dugoujon, à Caluire près de Lyon. Huit résistants sont présents dont Jean Moulin. Tous sont arrêtés le jour même par Klaus Barbie. L'un d'entre eux, Thomas Hardy, est aussitôt relâché. Aux prises avec le plus abominable des tortionnaires, Moulin demeure inébranlable. Lorsque Barbie lui demande les noms de ses camarades, il dessine en guise de réponse une caricature de son bourreau. Probablement mort le 8 juillet après avoir été atrocement torturé, Jean Moulin entre dans l'histoire comme martyr.

Très vite se pose la question de l'énigme de Caluire. Qui a livré Moulin aux Allemands ? Les regards se portent sur Hardy, qui clamera son innocence toute sa vie. Il est jugé et innocenté deux fois (1947, 1950). Néanmoins, l'ensemble de historiens s'accorde sur la probable trahison de Hardy. Le mystère de Caluire a d'ailleurs donné lieu à de multiples hypothèses. Dernièrement, la maîtresse de Thomas Hardy, Lydie Bastien, a révélé avoir livré Moulin à Barbie dont elle était également la maîtresse. Le cours de l'Histoire, nous l'espérons, rendra justice au combattant de l'ombre.

La mémoire du grand homme fut célébrée sous les accents enflammés de l'écrivain André Malraux lors du transfert de ses cendres au Panthéon (1964). Il demeure pour chacun de nous ce héros national, universel et éternel.

Benito Mussolini
(1883-1945)

*« Nous, fascistes, nous n'avons pas l'intention d'aller
au pouvoir par la porte de service. »*

Le 27 octobre 1922, vingt-six mille hommes armés
marchent sur Rome. Les chemises noires viennent de
s'emparer du pouvoir. Benito Mussolini règne désormais sur l'Italie et impose le premier régime fasciste
de l'Histoire, mélange de terreur et d'idéologie.

Fils d'un forgeron de Romagne, Benito Mussolini
devient instituteur. Rédacteur en chef d'*Avanti*, journal de la gauche, il défend alors des thèses pacifistes.
Mais en 1914, il se convertit au nationalisme et fait
campagne pour l'entrée en guerre de l'Italie (pays
neutre) aux côtés des Alliés. Exclu du parti socialiste,
il crée son propre journal, *Il Popolo d'Italia*, instrument de propagande nationaliste.

Au lendemain de l'armistice, il dénonce la « victoire
mutilée » de l'Italie, et fonde, en mars 1919, les Fais-
ceaux italiens de combat dont il est le *Duce*, le
« guide ». L'idéologie fasciste naît du mariage entre
socialisme révolutionnaire et nationalisme exacerbé.
Progressivement, Mussolini abandonne les thèmes
révolutionnaires, pour exalter la force, la violence et
l'ordre. Rempart contre le communisme, il rassure les
forces conservatrices. La bourgeoisie, les industriels,
l'armée et la police sont satisfaits de l'action des chemises noires, qui matent les grèves ouvrières.

En novembre 1921, Mussolini fonde le parti national fasciste qui devient rapidement un parti de
masse. Minoritaire au Parlement, le Duce fait pres-

sion sur le roi Victor-Emmanuel III en agitant la menace d'un soulèvement. La marche sur Rome (1922) aboutit à la nomination de Mussolini au poste de président du Conseil le 29 octobre 1922. Doté des pleins pouvoirs, il réprime l'opposition et assassine le député socialiste Matteotti.

Progressivement, émerge un État totalitaire et centralisateur devant lequel l'individu doit s'effacer. Mussolini veut réduire les conflits sociaux en généralisant le corporatisme. Le citoyen italien est embrigadé dès le plus jeune âge (des Enfants de la louve de quatre à huit ans jusqu'aux Jeunes Fascistes de dix-huit à vingt et un ans). Le dictateur s'assure du soutien de la majorité des Italiens en démocratisant les loisirs et en menant une politique de grands travaux et une guerre coloniale contre l'Éthiopie (1935-1936).

Après l'entrée en guerre de l'Italie en 1940, les désastres militaires et les privations quotidiennes éloignent les Italiens du projet fasciste. Mis en minorité par le Grand Conseil fasciste, Mussolini est arrêté sur ordre du roi le 25 juillet 1943. Emprisonné dans les Abruzzes, il est délivré par un commando allemand en septembre 1943. Il reconstitue la République de Salo, un État fantoche à la botte des nazis. Lors de l'effondrement du Reich, il tente de fuir en Suisse, mais rattrapé, puis capturé par les résistants communistes, il est fusillé en compagnie de sa maîtresse Clara Petacci.

Pelé
(né en 1940)

« J'offre ces mille buts aux enfants pauvres
de mon pays. »

« GOAAAAAAAAAL !... » C'est un jeune homme de dix-sept ans qui arrache ce cri au *speaker* brésilien chargé de commenter la finale du Mondial 1958. Un gamin offre au Brésil le titre le plus prestigieux du football ! Le commentateur n'a pas le temps de prononcer son nom complet, Edson Arantes do Nascimento que tout un peuple en folie, vêtue de vert et de jaune, crie : « Pelé ! Pelé ! » Le monde assiste, abasourdi, à la naissance du dieu du ballon rond.

Et ce n'est pas fini. En 1970, au Mexique, le Brésil est la première nation à conserver sa Coupe du monde, privilège accordé au bout de trois victoires. Pour ce titre de triple champion, l'équipe bénéficie à nouveau des exploits du Roi Pelé. L'histoire de Pelé est un véritable conte de fées. C'est l'histoire d'un gamin des rues devenu ministre des Sports de son pays et richissime homme d'affaires grâce au football.

En dépit de son jeune âge, Pelé possède une condition physique athlétique, un pouvoir d'accélération, une habileté dans le dribble et une efficacité devant le but absolument époustouflants. Les défenses cèdent face à la charge irrésistible de cet attaquant surdoué qui suscite effroi et admiration. Il demeure encore aujourd'hui un modèle pour son jeu aérien, son toucher de balle et ses facultés d'improvisation.

Les chiffres sont aussi impressionnants que ses buts. Pelé a marqué plus de mille deux cents buts au cours de sa carrière professionnelle entre 1956 et 1977. Le millième a été réussi au cours d'un match du championnat brésilien, le 19 novembre 1969, dans le plus grand stade du monde, le Maracana. À sa panoplie de joueur exceptionnel, Pelé ajoute celle de symbole social. L'ancien gamin des rues a dédié ses mille premiers buts aux enfants déshérités du Brésil. À la fin de sa carrière sportive, il décide de s'engager en politique. Son programme tient en quelques mots : « Travailler pour le bien du Brésil et combattre les inégalités : avec du sérieux, de l'amour et de la compétence, on doit faire avancer les choses. »

Une statue a été dressée au centre de sa ville natale. En 1977, comblé d'honneurs et de trois titres de champion du monde (1958, 1962, 1970), il décide de raccrocher les crampons. Son jubilé est suivi par sept cents millions de téléspectateurs. Il est certainement aujourd'hui le Brésilien le plus célèbre au monde. Le vivier brésilien continue de fournir des attaquants d'exception ; peut-être la relève est-elle aujourd'hui assurée par Ronaldo...

Gérard Philipe
(1922-1959)

*« Il n'entend ni rumeur ni cri, il ne répond
à aucun appel. Mais parfois dans le silence
immobile, un instant, il vient. »*
Anne Philipe

Éternel jeune homme, Gérard Philipe incarne le romantisme d'après-guerre dans toute sa splendeur. Inoubliable Rodrigue ou Fanfan la Tulipe, Gérard Philipe, cheveux au vent et chemise blanche ouverte, est un acteur magistral, à la scène comme à l'écran.

Quittant Cannes pour Paris, il commence sa carrière au théâtre dans une pièce de Jean Giraudoux *Sodome et Gomorrhe* (1945). Il devient ensuite le prince Blanc de *Federico* et surtout *Caligula* (1949) d'Albert Camus. Son interprétation sublime le fait connaître du jour au lendemain et le porte au rang des vedettes. La finesse de ses traits, son envoûtante fragilité et la grâce qui émanent de lui en font un jeune premier éblouissant.

Gérard Philipe entre au TNP (Théâtre national populaire) en 1951 et devient l'acteur fétiche de Jean Vilar. Le metteur en scène crée le théâtre moderne : dépouillé et grave. Le TNP attire un nombre de spectateurs considérable et fait découvrir aux jeune générations les œuvres de Musset, Brecht ou Shakespeare. Gérard Philipe devient Rodrigue dans *le Cid*, Octave dans *On ne Badine pas avec l'amour* et le magnifique prince de Hombourg. Sa voix déconcertante donne corps aux personnages. Il paraît, désormais, le seul à pouvoir les interpréter si justement.

Parallèlement, Gérard Philipe mène une carrière au cinéma. Il débute dans *les Petites du Quai aux fleurs* (1944) auprès d'Odette Joyeux et Danièle Delorme. Les producteurs, séduits, voient en lui un fidèle successeur de Jean-Pierre Aumont. C'est par son interprétation du prince Muichkine dans *l'Idiot* (1949) que Gérard Philipe devient une légende. Dès lors, c'est la consécration. Pas une femme ne manque de tomber amoureuse de lui. Il incarne le héros fragile et courageux qui brave la société et symbolise l'image d'une jeunesse ardente : *la Chartreuse de Parme*, 1948, *le Rouge et le Noir*, 1954, et surtout *le Diable au corps* qui scandalise une partie de l'opinion, (1947).

Émouvant, séducteur ou inquiétant, l'acteur se fond dans ses rôles si bien qu'on croirait qu'ils ont été écrits pour lui. Avec *Fanfan la Tulipe* (1952), *les Belles de nuit* (1952) ou *Monsieur Ripois* (1953), Gérard Philipe est au sommet de sa gloire.

Édith Piaf
(1915-1963)

« Si je ne brûlais pas, crois-tu que je pourrais chanter ? »

« Un moineau, en argot, c'est un piaf. Tu es une enfant de l'argot. Tu seras la môme Piaf » lui déclare Louis Leplée lorsqu'il la découvre un après-midi en train de chanter sur le pavé parisien. Envoûté par le charme étonnant de cette voix lyrique et violente à la fois, il l'engage sur-le-champ et, quelques jours plus tard, le public du Gernys fait un triomphe à cette drôle de petite bonne femme, pâlotte et maigrichonne, dont le chant envoûte et subjugue, comme un reflet de sa propre vie, elle qui a déjà connu tant de misères depuis sa naissance à Belleville en 1915 : l'abandon de sa mère dont elle ne recevra pour tout héritage que sa voix d'or, les taudis et autres établissements « un peu particuliers » de ses grand-mères, la pauvreté et la faim avec son père, Louis Gassion, dont elle partagera jusqu'à quinze ans la vie errante, la bohème aux carrefours de Clichy et Pigalle, ainsi que la mort d'une petite fille à peine âgée de deux ans.

Mais pour elle qui chante si bien la vie et ses errances, l'amour et ses blessures, rien n'est impossible. Malgré les désordres, les ruptures, les scandales — celui de l'assassinat de Leplée en 1936 — à force de travail et de ténacité, elle s'impose enfin. Au printemps 1937, à l'ABC, elle offre au Tout-Paris sa voix unique et si magnifiquement tragique. On frissonne en l'écoutant chanter *Mon légionnaire* (1936).

Puis les tournées s'enchaînent, entrecoupées d'apparitions au cinéma, en France et en Europe, en compagnie d'autres talents qu'elle contribue ainsi à faire découvrir : Yves Montand, les Compagnons de la Chanson notamment. Elle ira jusqu'à New York conquérir le cœur des foules avec *la Vie en rose* (1945) et surtout celui du boxeur Marcel Cerdan. Sans doute sa plus grande histoire d'amour, brutalement interrompue par l'accident d'avion de Marcel en octobre 1949.

La fatalité l'a rattrapée et elle ne la quittera plus. Mais l'alcool, la drogue, les maladies et la déchéance ne l'empêcheront jamais de chanter, jusqu'à la fin, ses refrains d'amour et de douleur. *Les Amants d'un jour* (1956), *la Foule* (1957), *Milord* (1959). « *Non, je ne regrette rien* », clame-t-elle encore en 1962 du haut de la tour Eiffel, avant de s'éteindre le 11 octobre de l'année suivante. Elle est escortée dans sa dernière demeure par une foule en larmes, elle qui avait si bien su la faire pleurer.

Pablo Picasso
(1881-1973)

« J'ai conscience d'avoir toujours lutté
avec ma peinture, en vrai révolutionnaire. »

Grand artiste, inventeur du cubisme mais aussi citoyen en révolte, Pablo Picasso a profondément modifié notre vision de la réalité.

Né à Málaga en Espagne, d'un père professeur de dessin, Pablo Picasso fréquente l'avant-garde artistique de Barcelone, puis s'installe à Paris dans le célèbre Bateau-Lavoir (1904). Son atelier montmartrois devient le refuge des talents littéraires et artistiques de l'époque : Max Jacob, Jarry, Apollinaire, Braque... Après une période bleue et une période rose, il révolutionne la peinture avec *les Demoiselles d'Avignon* (1907). Ce tableau devient le manifeste du cubisme, une nouvelle manière de représenter la réalité. Les visages et les corps de cinq femmes nues sont transformés en formes géométriques. Cette toile fait scandale, rompant avec la tradition de la peinture occidentale depuis la Renaissance. L'espace est décomposé, une nouvelle dimension est introduite : le temps. Désormais père du cubisme, Picasso influence de nombreux peintres : Braque, Max Ernst, Miró, Fernand Léger...

La fréquentation assidue des surréalistes Breton et Éluard renouvelle ses toiles. *Les Trois Danseurs* (1925) ou *Minotaure* (1928) marquent un tournant dans son œuvre : elle s'affirme par une violence et une tension intérieures, pouvant aller jusqu'à une dislocation totale des formes (*l'Acrobate*, 1930). Dès lors,

chacun de ses tableaux devient l'expression passionnée de ses états d'âme, de ses interrogations
existentielles sur la naissance et la mort, l'amour et
le sexe, la violence et la pitié. Picasso atteint sa pleine
maturité.

Lors de la guerre d'Espagne, il se range aux côtés
des républicains. Son antifascisme se concrétise en
1937 par son immense toile *Guernica* qui dénonce le
bombardement allemand de la petite ville basque de
Guernica (1936), la barbarie et la guerre. L'horreur
explose dans la toile : formes déchirées, cris, larmes,
corps désarticulés, tons gris, noirs, traversés
d'éclairs jaunes et blancs. L'absence de couleurs
évoque la mort — non seulement la mort des victimes
du bombardement mais aussi celle de la civilisation.
Décidé à mettre son art au service de la révolution,
Picasso adhère au parti communiste français en 1944
et dessine, en pleine guerre froide, une colombe de la
paix qui fait le tour du monde.

Artiste le plus populaire du xxᵉ siècle, Picasso
laisse une œuvre gigantesque : près de vingt mille
toiles, sculptures, estampes, objets, décors de ballet,
écrits.

Abbé Pierre
(né en 1912)

*« Chaque nuit dans Paris ils sont plus de deux mille
à geler dans la nuit, sans toit, sans pain... »*

« Mes amis, au secours ! Une femme vient de mourir de froid sur le trottoir du boulevard Sébastopol. » C'est par ce cri sur les ondes de Radio-Luxembourg pendant le rude hiver 1954 que l'abbé Pierre lance un appel à l'opinion publique. Il demande l'ouverture immédiate dans Paris de centres de dépannage pour qu'on y apporte couvertures, soupe, paille afin d'accueillir ceux qui souffrent de la misère, les sans-logis. Ce cri déclenche une explosion de solidarité en France, et même bien au-delà, puisque l'acteur américain Charlie Chaplin lui remet cinq millions de francs.

Né en 1912 à Lyon, Henri Grouès est le fils d'un industriel membre d'une confrérie s'occupant de clochards. En 1931, il distribue sa part d'héritage à diverses œuvres de charité et, attiré par la spiritualité de saint François d'Assise, il entre chez les frères capucins. Ordonné prêtre en 1938, il rejoint la Résistance dans le Vercors et prend le nom d'abbé Pierre. En 1949, député MRP de Meurthe-et-Moselle, il tend la main à Georges, un ancien bagnard, en lui proposant de l'aider à secourir les pauvres. C'est le début de l'aventure Emmaüs : accueil sans conditions, respect de la dignité humaine, solidarité envers les plus démunis, collecte d'objets, de vêtements, actions de réinsertion.

La communauté Emmaüs c'est aussi une organisation internationale présente dans trente-sept pays avec des programmes d'aide aux enfants en difficulté en Roumanie et des campagnes d'information sur les droits civiques et la contraception au Bénin, en Albanie et en Inde.

Désormais, chaque hiver depuis plus de quarante ans, avec une cape et un béret, l'abbé Pierre et ses milliers de compagnons reprennent leur bâton de pèlerin, entament une nouvelle croisade contre la pauvreté. Devenu une figure médiatique, il utilise la télévision pour appeler à la générosité des Français. Il monte des opérations spectaculaires comme cette exposition au profit des sans-logis, qui s'est tenue aux Grands Magasins du Printemps au début des années 50. Chaque visiteur accrochait alors un billet de banque sur les murs. En 1985, il lance avec le comédien Coluche les Restos du cœur. Aujourd'hui l'abbé s'est engagé dans d'autres formes d'action contre l'exclusion notamment aux côtés du DAL (Droit au logement) en occupant des immeubles inhabités pour reloger des familles sans toit. C'est la personnalité préférée des Français, sans doute parce que la société française ne prend pas en charge ses deux millions de « sans domicile fixe ».

Michel Platini
(né en 1955)

*« J'éprouve toujours du plaisir à jouer dans un pré :
là, il n'y a aucune obligation de victoire. »*

Il est le plus prestigieux représentant du football français dans le monde. Célèbre n°10, créateur de haut de gamme, buteur d'exception, Michel Platini a tiré sa révérence au football professionnel le 17 mai 1987 pour prendre en main l'équipe de France.

Adolescent, Platini fait un essai au FC Metz, où on lui déclare qu'il n'est pas fait pour le football ! Logiquement, il file chez le concurrent lorrain, l'AS Nancy-Lorraine, où il va effectuer son apprentissage jusqu'à la consécration au parc des Princes, en 1978, où il décroche la Coupe de France. Entre-temps, le sélectionneur Michel Hidalgo l'appelle en équipe de France. C'est le début d'une belle histoire en bleu, blanc, rouge. Dès son premier match sous les couleurs nationales, Platini marque un but sur un coup franc. Mais il n'est pas uniquement spécialiste des coups francs, c'est un buteur hors pair et un véritable meneur de jeu, un n° 10 de rêve capable d'ouvertures lumineuses de plus de cinquante mètres.

Après avoir brillé chez les Verts de Saint-Étienne (champion de France 1981), Platini se lance à la conquête du championnat italien. C'est le premier Français à faire une grande carrière de footballeur à l'étranger. En devenant un joueur de la Juventus de Turin (1982), il retrouve la terre de ses ancêtres piémontais et signe dans l'un des plus grands clubs du monde. L'homme aux pieds d'or accumule les titres, les honneurs, les victoires, les coupes. Ballon d'or à trois reprises, il remporte avec son club la Juventus notamment le championnat d'Italie et la Coupe d'Europe des champions. Sous les couleurs bleu, blanc, rouge, Platini participe à trois Coupes du monde et décroche comme capitaine le titre de champion d'Europe avec la bande à Hidalgo (Tigana, Giresse, Rocheteau...).

Avec soixante-douze sélections et quarante et un buts marqués en équipe de France, Michel Platini entre dans la légende du football mondial. Il manque à ce palmarès en or la Coupe du monde. Entraîneur de l'équipe de France de 1989 à 1992, il copréside, avec Fernand Sastre, le Comité d'organisation de la Coupe du monde 98, remportée par la France.

Elvis Presley
(1935-1977)

« Avant Elvis, il n'y avait rien. »
John Lennon

Considéré comme le roi du rock'n roll, Elvis Presley, The King, s'impose comme un personnage magnétique, capable de déclencher, lors de ses concerts, l'hystérie collective.

Il y a chez ce petit Blanc à la voix de chanteur noir quelque chose de différent, d'attirant, de quasiment indescriptible. Sa musique oscille entre le *rhythm and blues* et la *country*. Presley vient d'inventer le *rockabilly*. Sa façon de chanter (rythme saccadé et enfiévré) et de bouger (un déhanchement terriblement sexualisé) fascinent le public. Elvis, c'est du jamais vu! Il claque ses mains contre ses cuisses, et s'agite comme s'il était en transe. Après chacune de ses apparitions, il laisse des milliers de jeunes filles en pleurs. Elles voient en lui un sex-symbol. Considéré comme « un incitateur à la délinquance et à l'obscénité » par les journalistes, son insolence et son érotisme en font le symbole d'une jeunesse en quête d'affranchissement.

Phénomène de société, Presley accède dans les années 60 au rang de demi-dieu vivant. Entre 1954 et 1958, il compose ses titres les plus célèbres : *Love me tender, Don't be cruel, One night, My baby left me, I want you, I need you, I love you*. À force de jouer les vedettes, Presley perd son côté subversif... Ce jeune voyou, jadis idole de la contre-culture, devient le maître à penser des Américains bien pensants. Elvis

Presley est l'exemple type du révolté récupéré par la société de consommation. Il incarne désormais le rêve américain. Dans les années 70, Presley chante de moins en moins et accumule les dépressions. C'est en découvrant les Beatles sur scène qu'il lui prend l'envie de revenir (*Moody Blue*).

Sa mort brutalement survenue le 16 août 1977 a donné lieu à de multiples interprétations : drogué pour les uns, victime des régimes et des amphétamines pour les autres. Les anniversaires de sa mort donnent lieu chaque année à des pèlerinages et aux déchaînements les plus extravagants. Sa maison à Graceland est devenue un musée que visitent chaque année plus de sept cents mille personnes. Le King est une légende vivante, bien vivante si l'on en croit les 17 % d'Américains qui le pensent encore en vie, caché dans une petite cabane.

Jacques Prévert
(1900-1977)

« *Il faudrait essayer d'être heureux,*
ne serait-ce que pour donner l'exemple. »

« Écris-le, mon petit, tu le dis si bien », lui répétait son père. Né le 4 février 1900 à Neuilly, dans une famille simple mais aimante, Jacques Prévert conservera toute sa vie un parti pris pour les pauvres, un sens unique de la repartie, et ce goût particulier pour les sentiments simples, hérités de sa mère. Entre le Luxembourg et l'Odéon, il mène une jeunesse libre et vagabonde avant sa mobilisation en 1920.

À son retour, deux ans plus tard, Jacques découvre la révolution surréaliste naissante et, en quelques mois, sa maisonnette de Montparnasse devient un salon littéraire peu banal autour d'Aragon, Leiris, Bataille, Queneau, Breton... Jeux poétiques, humour, irrévérence et provocations en tout genre font bientôt de ce petit paradis le berceau et la source vive du mouvement surréaliste.

À vingt-huit ans, enfin, il prend la plume. Chansons, poèmes et saynètes. En 1932, il fonde le Groupe Octobre dont il devient le parolier attitré. Mêlant, par le biais de l'absurde, la comédie de situation à la critique sociale, pièces et courts métrages se multiplient.

Mais face à la censure, puis à la guerre qui cherche à attiédir cette poésie par trop insolente, Jacques le libertaire se tourne vers le cinéma. Il écrit et adapte une multitude de scénarios, parmi lesquels *Quai des Brumes* (1938), *les Visiteurs du soir* (1942) ou *les*

Enfants du paradis (1945) considéré dès sa sortie comme un monument.

Dialoguiste de génie, Jacques est aussi un grand poète et son premier recueil *Paroles* (1946) remporte un grand succès tant critique que populaire. Avec lui, la France d'après-guerre découvre l'amour et la révolte, tandis que les caves de Saint-Germain-des-Prés popularisent ses chansons. La naissance de sa fille le tourne aussi vers la littérature enfantine. Ses *Contes pour enfants pas sages* notamment lui ouvrent les portes des écoles. Ami des petits et des humbles, il est également celui des peintres et des photographes, de Picasso à Magritte en passant par Doisneau. Ses collages pleins de malice subversive et d'associations insolites font également partie intégrante de son œuvre. Parleur impénitent, sa belle voix chaude et syncopée fait entendre jusqu'à la fin sa rébellion contre toutes les idées reçues.

Marcel Proust
(1871-1922)

« ... un de ces gâteaux courts et dodus appelés
Petites Madeleines qui semblent avoir été moulés
dans la valve rainurée d'une coquille
de Saint-Jacques. »

Marcel Proust et la saveur mémorable d'une bou-
chée de petite madeleine que l'on a laissé s'amollir
dans une cuillère de thé bien chaud. Comme un pré-
lude à cette entreprise unique dans la littérature
française : *À la recherche du temps perdu.*

« Longtemps, je me suis couché de bonne heure. »
Ainsi débute le livre. L'image grave et triste d'un
enfant fragile. Poursuivi très tôt par cet asthme qui
ne le quittera plus. Entouré des tendres inquiétudes
d'une mère et d'une grand-mère douces et aimantes.
Trop peut-être, tandis que chaque soir Marcel attend
fiévreusement l'heure du baiser maternel et que le
père, bon mais rude, tente d'atténuer ce qu'il appelle
« des sensibleries ».

Entre les cours au lycée Condorcet et les vacances
familiales à Illiers près de Chartres, puis sur les
plages normandes de Cabourg ou de Trouville, le
jeune Marcel prend goût à la vie mondaine. Il fréquente les salons et lie connaissance avec des artistes
et des membres de l'aristocratie : Mme Strauss,
Robert de Montesquiou, Anatole France, Reynaldo
Hahn et autres futurs personnages de l'œuvre en
germe. Lui-même aborde la littérature en esthète
dilettante.

Ce n'est qu'après la disparition de ses parents

(1903 et 1905) qu'il se retire dans un appartement du boulevard Haussmann. De cette réclusion naîtront successivement sept volumes pour cette vaste suite romanesque que Proust imaginait à l'instar d'une cathédrale. Si la première partie, *Du côté de chez Swann* passe quasiment inaperçue en 1913, la seconde, *À l'ombre des jeunes filles en fleurs*, reçoit le prix Goncourt en 1919.

Calfeutré dans sa chambre, Proust ne se contente pas d'égrener les souvenirs d'un temps révolu : la douceur de l'enfance, les affres de la passion, les désillusions du monde. Le passé n'est pas mort, mais simplement enfoui au plus profond de nous jusqu'à ce que le hasard d'une odeur ou d'une saveur ressuscite pour quelques instants ces sensations oubliées. À l'artiste ensuite d'en dégager l'essence et la vérité. Suggestions, relations et métaphores traduisent cet effort éperdu pour une victoire finale dont le titre du dernier ouvrage semble apporter la clé : *le Temps retrouvé*, paru après sa mort en 1922.

Ronald Reagan
(né en 1911)

*« L'État n'est pas la solution à nos problèmes,
il est le problème. »*

La politique américaine a trouvé son cow-boy :
Ronald Reagan. Grand communicateur, pourfendeur
de l'État-providence, Reagan incarne l'ultra-libéra-
lisme et les valeurs les plus conservatrices de l'Amérique blanche et puritaine. C'est l'un des présidents
les plus populaires de l'histoire américaine.

Né dans un milieu modeste de l'Illinois, Reagan
commence comme reporter sportif avant d'entamer
une carrière d'acteur de série B à Hollywood. Il participe aux purges anticommunistes dans le cinéma
pendant le maccarthysme. Grâce à son image populaire et à l'appui des milieux d'affaires californiens,
il parvient à être élu gouverneur de Californie (1967-
1975), l'État le plus puissant de l'Union.

En 1980, ce républicain conservateur est élu à
la présidence de la République contre Carter. Il
s'adresse avant tout à l'Amérique profonde, aux
WASP (*White Anglo-Saxon Protestants*) et aux classes
moyennes ; il se donne pour mission de restaurer la
grandeur du pays et de combattre la menace soviétique. Il dénonce les excès d'un État fédéral qui
empiète sur les libertés individuelles. On est loin de
la diplomatie des droits de l'homme de Jimmy Carter.

Ronald Reagan illustre la révolution conservatrice : un mélange de retour aux valeurs morales, de
libéralisme économique et de patriotisme. Il réussit
à relancer l'économie au détriment des prestations

sociales (réduction de la durée des indemnités de chômage, suppression des bons d'alimentation). Son programme économique favorise la déréglementation, combat l'inflation, ampute les dépenses fédérales à l'exception du budget des armées. Parallèlement, Reagan souhaite mettre un frein à la lutte contre la discrimination des Noirs, militer contre l'avortement et rétablir la prière à l'école.

Depuis le syndrome du Vietnam, les États-Unis n'interviennent plus dans le monde, laissant l'URSS étendre son influence en Afrique et au Moyen-Orient. L'humiliation de la prise en otages de diplomates américains en Iran en novembre 1979 confirme l'impuissance américaine. Reagan décide de réagir. En mars 1983, le président américain lance son projet d'initiative de défense stratégique afin de protéger les États-Unis contre les attaques éventuelles de missiles nucléaires soviétiques ; c'est le projet de « guerre des étoiles ». L'arrivée au pouvoir de Gorbatchev modifie les relations Est-Ouest. En 1987, un traité de désarmement entre Gorbatchev et Reagan conduit à la suppression des euromissiles (SS-20 et Pershing) en Europe.

À la fin des années 80, trois dangers menacent l'économie américaine : un déficit budgétaire qui continue de se creuser (cent quatre-vingt-cinq milliards de dollars en 1984), une aggravation du déficit de la balance commerciale et une envolée de l'endettement des Américains, des firmes et du gouvernement fédéral. Malgré tout, Ronald Reagan reste très populaire et laisse sa place à son collègue républicain, George Bush en 1988.

Franklin Delano Roosevelt
(1882-1945)

« Les États-Unis sont le grand arsenal de la démocratie. »

Instigateur de la politique du New Deal et responsable de l'intervention américaine dans la Seconde Guerre mondiale, Franklin Delano Roosevelt est le seul président des États-Unis à avoir été élu quatre fois. Énergique, volontaire et pragmatique, il est l'artisan de la puissance américaine.

Après des études de droit à l'université de Harvard, Roosevelt devient avocat puis sénateur démocrate de l'État de New York (1912). Il a tout juste trente ans et ressent déjà le besoin impérieux de conduire son pays vers les affaires du monde. En 1917, il est de ceux qui votent l'entrée des États-Unis dans la guerre et, en 1919, soutient devant le Congrès, mais sans succès, le projet de la SDN.

Brutalement interrompu dans sa carrière par une attaque de poliomyélite, Roosevelt se retrouve paralysé des deux jambes et doit se retirer de la vie politique. Au terme d'un combat acharné, Roosevelt, pouvant à peine marcher, trouve dans la maladie un nouveau salut. Affirmé et plus décidé que jamais, il est élu gouverneur de l'État de New York en 1928. Le parti démocrate a confiance en lui et propose sa candidature aux élections présidentielles de 1932. C'est une victoire haut la main pour ce jeune président qui succède à Hoover le 4 mars 1933.

Roosevelt installe une politique de nouvelle donne (New Deal) qui entend, par l'intervention de l'État, soutenir le tissu social et relancer l'économie. Il crée un programme d'aide sociale (Social Security Act, 1935), modernise le système bancaire (loi Glass-Stegall, 1933) et soutient le monde agricole (création en 1933 de l'AAA, Agence fédérale d'aide aux agriculteurs). Avec ses causeries au coin du feu, Roosevelt instaure un dialogue privilégié avec ses concitoyens ; il est facilement réélu en 1936 où il entame un second New Deal. Il ne parvient cependant pas à enrayer le chômage et doit faire face à de puissants mouvements de grèves.

Fidèle à son idée que les États-Unis ont une mission à remplir, Roosevelt engage progressivement son pays dans la Seconde Guerre mondiale. Il se heurte à l'indifférence de la population mais parvient à faire voter en 1941 la loi prêt-bail (aide matérielle aux Alliés). Cette même année, il participe avec Churchill à la charte de l'Atlantique qui énonce les objectifs de guerre. Après l'attaque de Pearl Harbor (7 décembre 1941), il engage les États-Unis dans la Seconde Guerre mondiale et dirige l'effort de guerre américain (seize millions de soldats) à l'origine de la victoire Alliée. À la conférence de Yalta (1945), Roosevelt, diminué, ne peut que céder devant les ambitions de Staline en Europe.

Antoine de Saint-Exupéry
(1900-1944)

« On ne voit bien qu'avec le cœur.
L'essentiel est invisible pour les yeux. »

Le 31 juillet 1944, Antoine de Saint-Exupéry disparaît mystérieusement à bord d'un avion de reconnaissance. Cinquante ans plus tard, son personnage littéraire fétiche, le Petit Prince, orne les derniers billets de cinquante francs, et il est le plus lu des auteurs français. Traduit en cinquante langues, *le Petit Prince* a dépassé les quatre millions d'exemplaires en version française.

Né à Lyon, Antoine de Saint-Exupéry s'initie à l'aviation pendant son service militaire. Fort de cet apprentissage, il multiplie les heures de vol. Enfin son rêve se concrétise : il devient pilote de ligne entre Toulouse et Dakar. Désormais maître du ciel, il assure de nombreuses liaisons aériennes au-dessus du désert de Mauritanie, dans la cordillère des Andes et couvre le trajet France-Amérique. Écrivain, moraliste et pilote de ligne, Saint-Ex. a réussi à conjuguer la pensée et l'action. Aventurier, ses expéditions dangereuses en avion au-dessus du désert nourrissent sa réflexion. Il est révélé au grand public par *Vol de nuit* (1931), puis *Terre des hommes* (1939), des récits de ses souvenirs de vols d'où se dégage une morale du devoir. Un succès qui lui ouvre les portes du journalisme (*Marianne*, *Paris-Soir*).

Aviateur de combat pendant la « drôle de guerre » (1940), il s'exile aux États-Unis en 1941. Son *Pilote de guerre* (1942) devient un best-seller aux États-Unis.

Le livre réagit contre le défaitisme à la mode en France. En France, la censure allemande laisse paraître le livre en ne supprimant que ces quatre mots : « Hitler est un idiot. » Dès juillet 1942, Antoine est persuadé de la nécessité d'un débarquement en Afrique du Nord. Le 29 novembre, il publie un appel à la réconciliation des Français, sous l'autorité militaire et stratégique américaine. Il refuse de rejoindre la France Libre et se présente comme résolument anti-gaulliste.

Certains lui reprochent de développer une philosophie simpliste avec son œuvre posthume *Citadelle* (1948), réflexion sur une société nouvelle, placée sous l'égide d'un chef, garant de la stabilité du système. Aux systèmes rigides et figés, Saint-Exupéry préfère l'impact de la fable, porteuse du souffle de la poésie. Ainsi *le Petit Prince* reste comme un des rares livres pour enfants où la fraîcheur de l'imagination n'interdit pas une certaine profondeur philosophique. Personnalité attachante, symbole d'héroïsme et de courage, ce chevalier du ciel est devenu avec son petit prince une légende.

Jean-Paul Sartre
(1905-1980)

« L'enfer c'est les autres. »

Théoricien de l'existentialisme, figure de l'écrivain engagé, romancier, dramaturge, icône de Saint-Germain-des-Prés, Jean-Paul Sartre est avec Raymond Aron le grand intellectuel de la seconde moitié du xxe siècle.

Le jeune Sartre est élevé par sa mère et son grand-père. Il souffrira toute sa vie de l'absence de son père, de ce qu'il nomme le sentiment de la bâtardise (*les Mots*, 1964). Admis à l'École normale supérieure, il fréquente Simone de Beauvoir et Paul Nizan, son ami communiste. Ensemble, ils s'élèvent contre les valeurs de la bourgeoisie. Son œuvre littéraire, théâtrale et philosophique met en scène la capacité de l'homme à choisir son existence. Sartre, c'est l'invention de la liberté. Dans son essai philosophique *L'Être et le Néant*, (1943) il développe une phénoménologie qui met en place ses grands thèmes philosophiques (liberté, mauvaise foi...). C'est à sa formule, désormais célèbre, « l'existence précède l'essence » qu'on reconnaît l'existentialisme sartrien.

Son théâtre est la part importante de son œuvre, il est foisonnant, vivace et brillant. *Les Mouches* (1943), *Huis clos* (1944), *la Putain respectueuse* (1946), *les Mains sales* (1948), *le Diable et le Bon Dieu* (1951) *les Séquestrés d'Altona* (1959) sont le lieu privilégié d'une réflexion sur la liberté de l'homme. Ses romans : *la Nausée* (1938) *les Chemins de la liberté* (1949) découvrent des figures de l'anti-héros, mélancolique et tragique mais toujours responsable. Sartre est aussi critique littéraire et a écrit de nombreux essais où il mêle analyse historique et psychanalyse *(Baudelaire*, 1947, et en 1971-1973 son grand essai sur Flaubert : *l'Idiot de la famille*).

Jean-Paul Sartre est avant tout un intellectuel engagé. Anticolonialiste, il milite auprès du FLN lors de la guerre d'Algérie, puis avec les pacifistes contre la guerre du Vietnam et défile avec les étudiants en Mai 68. Directeur de *la Cause du Peuple*, fondateur du journal *Libération* et de la revue *les Temps modernes*, collaborateur à *Combat*, il tente dans ses essais de repenser le marxisme (*Critique de la raison dialectique*, 1960). En 1964, il refuse le prix Nobel, prétextant que le rôle de l'écrivain n'est pas d'entrer dans une institution.

Enfin, il incarna avec celle qu'il avait surnommée le Castor, Simone de Beauvoir, le couple le plus en vogue de Saint-Germain-des-Prés (*Lettres au Castor et à quelques autres*). Celui qu'Herbert Marcuse qualifiait de « conscience du monde » laisse derrière lui une œuvre considérable qui influence fortement la pensée moderne.

Romy Schneider
(1938-1982)

*« La facilité ne m'amuse pas, ne m'a jamais amusée.
J'ai toujours défié les choses. »*

Enfant chérie du cinéma, longtemps réduite à son interprétation de Sissi, Romy Schneider était bien plus que cela. Derrière son visage lisse et radieux se cachait une femme tourmentée qui avait besoin de jouer pour exister.

À quinze ans, Romy Schneider tourne dans ses premiers films (*Lilas blancs*, 1953 et *Feu d'artifice*, 1954). On parle d'elle comme d'un phénomène. Visiblement séduit, le producteur Ernst Marischka lui propose d'être « la fiancée de l'Europe » : *Sissi impératrice* (1956). Ce film devient un classique au même titre qu'*Autant en emporte le vent*. Son succès est considérable. Déclaré œuvre culturelle, le film est projeté dans les écoles. Du jour au lendemain, la petite Romy, tout juste âgée de dix-sept ans, devient une star. Il y aura un deuxième et un troisième *Sissi*, jusqu'au jour où l'actrice, se sentant prisonnière de ce rôle, refusera catégoriquement. On allait faire d'elle une marionnette inoffensive et élégante.

Ce n'était pas ainsi que Romy envisageait sa carrière. Dès lors, elle tourne, comme par miracle, avec les plus grands cinéastes. Sur le tournage de *Christine*, elle découvre Alain Delon. Du mépris et de l'indifférence d'abord, puis un amour fou qui l'éloignera de sa famille. Delon, anticonformiste, ravageur et exalté, lui présente Visconti. C'est pour elle une rencontre décisive. Celui-ci lui offre un rôle dans une pièce de théâtre, *Dommage qu'elle soit une putain* (1961). C'est un triomphe malgré quelques maladresses. Romy amoureuse continue de tourner avec les grands cinéastes du siècle (*le Procès* d'Orson Welles en 1962). Hollywood la réclame, elle part aux États-Unis en 1963 où elle tourne *les Vainqueurs*. En 1968 elle retrouve Alain Delon, qui a rompu avec elle, dans la *Piscine* de Jacques Deray.

En tournant avec Claude Sautet, la carrière de Romy Schneider prend une nouvelle dimension. C'est sans doute le cinéaste le plus proche d'elle. Ensemble, ils tourneront des chefs-d'œuvre : *les Choses de la vie* (1970), *César et Rosalie* (1971), *Une histoire simple* (1978). En 1979, Romy Schneider reçoit un César. Elle est adulée, encensée, enviée. Elle accumule les films : *la Mort en direct* (1979), *la Banquière* (1980).

Les années qui vont suivre seront pourtant emplies de douleur. Le suicide de son premier mari, le divorce d'avec le deuxième et surtout le terrible drame de son fils mourant à l'âge de quatorze ans dans des circonstances épouvantables (1981) plongent Romy dans un désarroi insurmontable. Elle a tout juste la force de jouer un dernier rôle, *la Passante du Sans-Souci*, et s'en va, éblouissante, épuisée, anéantie, en se donnant la mort (1982).

Léopold Sédar Senghor
(né en 1906)

*« Je suis le mouvement du tam-tam,
force de l'Afrique future. »*

Chantre de la « négritude » et grand écrivain fran-
cophone, le poète président Senghor est le précurseur
de ce monde brassé, multilingue et pluriculturel qui
s'annonce.

Après de brillantes études à Dakar (Sénégal) chez
les pères du Saint-Esprit, il quitte son pays pour
gagner la France en 1928. Il intègre khâgne au lycée
Louis-le-Grand, où se noue une affection profonde
avec Georges Pompidou. Ce dernier sait convaincre
son ami sénégalais des charmes du socialisme. Pétri
d'humanités classiques à la Sorbonne, agrégé de
grammaire en 1935, il médite sur le concept de
« négritude » forgé par son frère spirituel, le poète
antillais Aimé Césaire. Une influence, un enrichisse-
ment réciproque se produit. Césaire parle quelques
années plus tard de ce terreau commun qui unissait
les deux hommes : « Ce qui nous est commun, c'est le
refus obstiné de nous aliéner, de perdre nos attaches
avec nos pays, nos peuples, nos langues. »

Sa réflexion sur la négritude se nourrit aussi de
l'air du temps : l'intérêt des surréalistes et des
peintres de l'École de Paris pour « l'art nègre », la
grande vogue du jazz dans les cabarets parisiens.
Senghor représente cette alchimie d'un métissage
culturel réussi : attachement aux valeurs et à l'héritage de la civilisation française mêlé à un activisme
intellectuel autour de la « négritude ».

Professeur de lycée, puis chercheur au CNRS, Léopold Sédar Senghor est promis à une brillante carrière universitaire au lendemain de la Seconde Guerre mondiale. Mais les démons de la politique en décident autrement. Scandalisé de voir le mépris dans lequel sont tenus les tirailleurs sénégalais, il adhère dès la Libération au parti socialiste, est élu député à l'Assemblée constituante en 1945. Chef de l'Union progressiste sénégalaise, il œuvre pour l'émancipation de l'Afrique, pour la rupture de l'ordre colonial. En 1960, lorsque le Sénégal devient indépendant, Senghor est élu président de la République. Pendant vingt ans, il se maintient à la tête d'un régime présidentiel taillé pour lui, alternant pratiques autoritaires (parti unique) et libéralisation politique. En 1980, las du pouvoir, il se retire de la vie politique sénégalaise, se réfugiant dans un coin de Normandie, où il vit encore aujourd'hui à plus de quatre-vingt-dix ans. Senghor l'Africain termine sa vie dans la France profonde.

Avec *Hosties noires* (1948), *Éthiopiques* (1956) ou *Nocturnes* (1961), Senghor donne ses lettres de noblesse à la poésie africaine en langue française. Sa poésie est faite de rythmes (le rythme du tam-tam), d'exaltation du corps et de mouvement, d'émotion, de sonorités, des images sensuelles et naturelles (souvent liées à la femme et à l'Afrique). Il insiste sur l'universalité de cette poésie, à la fois incantation et initiation, écrite en français, pour unir l'oralité africaine et le génie de la langue française.

Celui qui s'était défini comme un « métis culturel » entrait en 1983 à l'Académie française, bastion du classicisme français.

Frank Sinatra
(1915-1998)

*« Sa musique est devenue synonyme d'élégance,
de belle vie, de champagne, de raffinement,
mais sa voix a toujours évoqué le malheur du monde. »*
Bruce Springsteen

Il est *The Voice*, un monument de la chanson mondiale. Ce crooner de légende à la voix de velours a fait chavirer plus d'un cœur féminin. Image vivante du rêve américain avec son physique de voyou au grand cœur et sa voix au phrasé inimitable, il incarne, bien avant Elvis Presley ou les Beatles, la première pop star de l'histoire.

Frank Sinatra, fils d'immigrés italiens né à Hoboken (New Jersey), fait ses débuts dans un journal local jusqu'à ce qu'en 1933 un concert de Bing Crosby décide de sa vocation. Il sera chanteur ! Deux ans plus tard, il remporte un concours radiophonique qui lui vaut d'être engagé comme vocaliste dans les orchestres de jazz de Harry James, puis de Tommy Dorsey. Il apprend à swinguer, à utiliser sa voix comme un instrument et enregistre de nombreux tubes comme *I'll never smile again* (1940) ou *All or nothing at all* (1942), et obtient son premier disque d'or. Son aisance inimitable provoque l'enthousiasme de la jeunesse et le propulse rapidement au rang de vedette.

Tournées et radios s'enchaînent. Une fructueuse carrière cinématographique commence, de *Higher and Higher* (1943) à *Tant qu'il y aura des hommes* (1953), jusqu'à son inoubliable prestation dans *l'Homme au bras d'or* (1955). Sa séduction mûrit en même temps que sa voix d'or. Délaissant les rives du jazz pour la grande variété, il se hisse au sommet des hit-parades avec *I've got you under my skin* (1956), *Night and day* (1961), *Strangers in the Night* (1966) ou le célébrissime *My Way* (1969), repris dans le monde entier, adapté de la chanson de Claude François *Comme d'habitude*. Toutes ses chansons sont devenues des classiques de la musique populaire américaine.

Malgré ses revirements politiques, ses amitiés mafieuses ou ses divorces tumultueux (Ava Gardner, Mia Farrow...), sa popularité ne s'est jamais démentie. Un gala au Shrine Auditorium de Los Angeles pour son quatre-vingtième anniversaire atteste encore de sa pérennité. Ray Charles, Gregory Peck ou Bruce Springsteen reprennent alors ses refrains les plus célèbres. Avec lui, la musique a changé d'époque. Toute l'Amérique pleure une légende lorsqu'il disparaît en 1998.

Alexandre Soljenitsyne
(né en 1918)

*« J'ai découvert que la ligne de partage
entre le bien et le mal ne sépare ni les États,
ni les classes, ni les partis, mais qu'elle traverse
le cœur de chaque homme et de toute l'humanité. »*

Alexandre Soljenitsyne est l'emblème de l'écrivain combattant, de l'intellectuel dissident. Avec son livre *l'Archipel du goulag*, il révèle au monde entier l'existence de camps de travail forcé sous Staline. C'est un choc pour l'Occident, un désenchantement pour tous ceux qui croyaient dans le communisme.

Après des études de mathématiques, de littérature et de philosophie à Moscou, Alexandre Soljenitsyne s'engage dans l'armée. Il est arrêté en 1945 pour avoir osé critiquer Staline. Conduit au bagne, son enfermement dure huit ans et est suivi d'un exil forcé jusqu'en 1957. Son œuvre littéraire est l'expression de cet emprisonnement, des années atroces qui l'accompagnent. En 1945, Soljenitsyne écrit son premier ouvrage, *le Cerf et la Putain du bagne* puis sa nouvelle, devenue célèbre, *Une journée d'Ivan Denissovitch* (1962). Il y raconte le quotidien d'un *zek* (détenu) dans les camps staliniens que les Occidentaux ont longtemps niés. Jugé subversif et dangereux pour le régime communiste, toutes ses œuvres, à partir de 1964, sont interdites en Union soviétique. Elles parviennent, néanmoins, à l'étranger. En 1968, *le Premier cercle*, suivi du *Pavillon des cancéreux* font figure de véritables bombes à retardement.

Mais c'est réellement avec la publication de

l'Archipel du goulag (1973) que l'écrivain ébranle les intellectuels de gauche. Ce livre est un réquisitoire impitoyable contre l'univers concentrationnaire, il révèle au monde l'existence des goulags. On apprend qu'ils retiennent, en 1953, deux millions de personnes. Arrêté en 1974, Alexandre Soljenitsyne est déchu de sa citoyenneté et expulsé d'Union soviétique. Il s'installe à Zurich d'où il écrit *Lénine à Zurich* (1975) puis aux États-Unis (*Discours de Harvard*, 1978).

Le retour de Soljenitsyne au pays (1995) est ressenti comme un geste symbolique. Mais depuis la chute du communisme, l'écrivain s'est montré très critique à l'égard de la politique de Boris Eltsine. Taxé de réactionnaire et de nationaliste par ses adversaires, il a été couronné par le prix Nobel de littérature en 1970. Ses livres sont une leçon vivante de courage et de lutte.

Steven Spielberg
(né en 1947)

*« Ce qui me motive c'est de transporter le public
au-delà du quotidien, vers un monde où les idées
ont une quatrième dimension. »*

Enfant terrible d'Hollywood, Steven Spielberg est à l'origine d'un cinéma spectaculaire à effets spéciaux et à gros budgets.

Apparus dans une époque relativement calme pour le cinéma, les films de Spielberg font l'effet d'une véritable bombe. Leur succès commercial est sans précédent dans l'histoire du cinéma. En 1975, pour la première fois, un film atteint la barre des cent millions de dollars de recettes. Il s'agit des *Dents de la mer*.

Jouant volontiers sur l'inconscient collectif et les peurs enfouies du spectateur (requins, extraterrestres), Spielberg provoque l'émotion et lui ajoute un sens inné du spectacle. Convoquant la technique à chacun de ses films, le cinéaste passe maître dans l'art des effets spéciaux. Les requins (*les Dents de la mer*, 1975) comme les dinosaures (*Jurassic park*, 1996) sont atrocement crédibles.

En prise avec son époque, Spielberg épouse le genre de la science-fiction en l'humanisant. Contrairement au cinéma américain des années 50 (*les Envahisseurs*), les extraterrestres sont chez lui amicaux et inoffensifs (*Rencontre du troisième type*, 1977, *ET*, 1982).

Spielberg est devenu le maître d'un art populaire car il a su raviver chez le spectateur sa part d'en-

fance, soit en évoquant des sujets mettant directe-
ment en scène des enfants (le jeune Eliott dans *ET*),
soit en permettant de vivre des situations extrêmes et
inattendues. *Les Aventuriers de l'arche perdue* (1981)
et surtout *Indiana Jones ou le temple maudit* (1984)
rencontrent un succès considérable. Spielberg se
situe dans la grande tradition du cinéma américain :
celui qui fait rêver les enfants comme les adultes.
Certains le comparent à Disney, d'autres dénoncent
l'imposture d'un habile faiseur au chiffre d'affaires
indécent.

Il faut dire que ses recettes ont de quoi donner le
vertige (quatre cents millions de dollars pour *ET*).
Détesté et jalousé à Hollywood, Spielberg a créé avec
ses amis dont George Lucas (*la Guerre des étoiles*)
sa propre société de production Amblin, rebaptisée
récemment Dreamworks. Taxé d'être infantile et de
jouer dans la facilité, Spielberg tourne des films plus
exigeants (*la Couleur pourpre*, 1985) et offre à ses
adversaires une réponse sans appel avec *la Liste
de Schindler* (1996). Certains y voient une dénoncia-
tion politique et esthétique sans faille, d'autres lui
reprochent d'avoir fait de l'Holocauste une œuvre de
fiction.

Cinéaste de l'imaginaire et de l'enfance, sublime et
juste lorsqu'il aborde des thèmes douloureux, Spielberg est le dépositaire d'un cinéma merveilleux et
irréel.

Staline
(1879-1953)

« Le Pape ! Combien de divisions ? »

Avant de mourir, Lénine recommande dans son testament d'écarter Staline de la direction du Parti, car il le juge trop « brutal ». Mais il est déjà trop tard, Staline s'empare du pouvoir et oriente le communisme vers un système totalitaire. Goulag, purges, collectivisation meurtrière caractérisent une des périodes les plus sombres de l'Histoire : le stalinisme.

Né en Géorgie, Joseph Vissarionovitch Djougachvili fait une carrière exemplaire d'apparatchik. Il entre en 1912 au Comité central du parti bolchevique où il prend le nom de Staline (« l'homme d'acier »). Commissaire du peuple aux Nationalités durant la révolution d'Octobre, il est nommé secrétaire général du parti communiste en avril 1922, s'assurant ainsi la direction de l'État. Après la mort de Lénine (1924), Staline élimine ses adversaires et assoit définitivement son autorité sur le Parti.

Au cours du XVᵉ Congrès du Parti (décembre 1927), Staline fait exclure une centaine d'opposants de gauche, dont Trotski. Hostile à la « révolution permanente », Staline prône « la construction du socialisme dans un seul pays ». En abandonnant la NEP (Nouvelle politique économique) en 1928, il se débarrasse des derniers gêneurs, l'aile droite du Parti. Désormais maître absolu du pouvoir, Staline instaure un régime totalitaire. Avec l'assassinat, en 1934, de Kirov, secrétaire du parti de Leningrad, commence une gigantesque purge dans l'appareil du parti. On assiste alors à une formidable régression sociale et politique. La collectivisation forcée des terres entraîne une famine qui fait six millions de victimes en 1932-1933. Un vaste système de travail forcé (le goulag) se développe afin de « rééduquer tous les ennemis du peuple », soit environ deux millions de personnes à la fin des années 30. Staline déclenche la Grande Terreur (1937-1938) afin de liquider les compagnons de Lénine (Zinoviev, Kamenev, Boukharine, Smirnov) et tous ses opposants au cours des grands procès de Moscou, parodies de justice. Un million et demi de personnes sont alors arrêtées et six cent quatre-vingt mille exécutées.

Après avoir signé le pacte germano-soviétique (1939), trahi par Hitler, Staline se range aux côtés des Alliés. La victoire soviétique en 1945 renforce le culte de la personnalité et fait du Petit Père des peuples celui qui a sauvé l'Europe du nazisme. Face à un président américain, Roosevelt, malade, Staline obtient à la conférence de Yalta un partage de l'Europe. À partir de 1946, il impose des régimes communistes dans les pays de l'Europe orientale, et parvient à construire un bloc communiste face au camp occidental.

Obsédé par les complots, Staline accuse les médecins juifs du Kremlin de préparer son élimination (« complot des blouses blanches » en janvier 1953). Enfermé dans sa datcha, Staline meurt le 5 mars 1953, laissant derrière lui un pays exsangue dominé par une caste de bureaucrates privilégiés, la *nomenklatura*.

Igor Stravinski
(1882-1971)

*« Toute musique n'est qu'une suite d'élans
qui convergent vers un point défini de repos. »*

Igor Stravinski a approché toutes les formes d'écriture musicale avec un souci constant de leur renouvellement. Inventeur et créateur génial, il a influencé la musique de la première moitié du xxᵉ siècle.

Ce compositeur russe, naturalisé français en 1934 puis américain en 1945, réalise son premier ballet en 1910, *l'Oiseau de feu*. En faisant connaître ses ballets à Paris, *Petrouchka* (1911), *le Sacre du printemps* (1913), *Rossignol* (1914), Igor Stravinski imprègne la musique française du folklore russe et acquiert la célébrité. À l'inattendu du spectacle s'ajoutent une puissance de l'harmonie et une diversité de l'orchestration. *Le Sacre du printemps* met le rythme au premier plan avec une telle violence qu'il fait scandale. Quant à *Petrouchka*, ce ballet laisse le spectateur muet, admiratif devant de tels collages musicaux.

Stravinski sera hanté toute sa vie par le goût du renouvellement. Il se distingue des autres compositeurs par sa capacité à transformer son œuvre, à la faire évoluer sans cesse, quitte à heurter ses fidèles admirateurs. On distingue trois périodes dans son œuvre : 1914-1920 où dominent le dépouillement et la clarté avec *Renard* (1917), *Histoire du Soldat* (1918), *Piano Ragtime* (1919). La période de 1920 à 1952 est caractérisée par une mélodie riche et ample sous l'invocation de grands musiciens classiques, Bach, Mozart, Beethoven : *Pulcinella* (1920), *les Noces* (1923)

ou *Jeux de cartes* (1937). Après 1952, c'est le retour-
nement, Stravinski change encore une fois de genre
et s'intéresse au dodécaphonisme sériel ; il crée l'événement avec *Agon* (1957) et *Requiem Canticles* (1966).

Prodigieux chercheur, Stravinski s'est laissé aller à
tous les styles musicaux, (la musique savante, le jazz,
le folklore). Considérant la musique comme une réor-
chestration du monde, il fut un génie des formes, un
poseur de souffles.

Margaret Thatcher
(née en 1925)

« La dame ne fait pas demi-tour. »

Chef de file du parti conservateur, adepte d'un strict libéralisme, farouchement anticommuniste, Margaret Thatcher est la dame qui ne cède pas. Ni devant les grévistes de la faim irlandais en 1981, ni face au syndicat des mineurs en 1984. Incontestablement, elle est la Dame de fer.

Député conservateur en 1959, puis ministre de l'Éducation en 1970-1974, elle devient présidente du parti conservateur en 1975 et Premier ministre de 1979 à 1990. Elle ne cesse dès lors de mener une politique de rigueur et d'austérité. Fidèle des privatisations (*British Telecom, British Airways*...) et de la déréglementation, Margaret Thatcher milite pour un État minimal.

Elle relance l'économie en remettant au goût du jour les valeurs de liberté individuelle et d'initiative privée. Plus généralement, elle entend raviver les idéaux victoriens de l'effort et du travail : « J'ai été élevée par une grand-mère victorienne. On nous a appris à travailler dur et à faire nos preuves. » L'une de ses principales préoccupations sera de réduire la puissance des syndicats.

Aucun ministre britannique ne fut plus contesté qu'elle. Margaret Thatcher est d'ailleurs surnommée « la voleuse de lait » quand elle supprime en 1970 la distribution matinale de lait aux enfants. C'est sans compter en 1987 la création d'un nouvel impôt, frappant tous les individus vivant sous le même toit,

(*Poll Tax*), qui soulève en Grande-Bretagne un vif mécontentement.

Viscéralement attachée à la souveraineté britannique, elle n'hésite pas, en 1982, à envoyer ses troupes pour récupérer les îles Falkland (Malouines) occupées par les Argentins. En trois semaines, la Dame de fer reconquiert l'Archipel et peut enfin savourer sa cote de popularité.

Anti-européenne convaincue, celle que l'on surnomme « la De Gaulle en jupons », demeure intransigeante et ne cesse de s'opposer à la construction de la CEE. Cela lui coûtera son poste aux élections de 1990. Remplacée par John Major, Margaret Thatcher s'est retirée de la politique et a, depuis, publié ses *Mémoires* (1996).

Tito
(1892-1980)

« L'homme qui ne s'aligna jamais. »
André Fontaine

Le maréchal Tito symbolise à lui tout seul la défunte Yougoslavie. Il réussit à maintenir cette fédération de peuples sous une chape de plomb communiste. Refusant d'être un satellite de Moscou, Tito devient l'emblème du non-alignement. Cet homme à poigne a permis à la Yougoslavie de vivre en paix pendant trente-cinq ans avant le réveil tragique des nations.

Né d'un père croate et d'une mère slovène, Josip Broz dit Tito est un sujet de l'Empire austro-hongrois. Septième enfant d'une famille de paysans, il apprend donc très tôt ce que peut être un ensemble multinational rassemblant des peuples possédant une histoire, une langue et une religion différentes.

Tito sert comme sous-officier dans l'armée austro-hongroise lors de la Première Guerre mondiale. Capturé par les Russes en 1915, il noue de nombreux contacts avec les bolcheviques. Revenu dans son pays natal appelé désormais royaume de Yougoslavie, il adhère au parti communiste en 1923. Son engagement lui vaut d'être condamné à cinq ans de prison pendant lesquels il étudie le marxisme. Le Komintern, favorable à une Yougoslavie fédérale, propulse Tito, libéré en 1934, à la tête d'un parti communiste yougoslave (1937).

Durant la Seconde Guerre mondiale, Tito organise la résistance contre l'occupant allemand et ses alliés oustachis (nationalistes croates). Grâce à une armée de plus de huit cent mille partisans, Tito parvient à libérer la Yougoslavie avant l'arrivée des troupes soviétiques (octobre 1944). Après avoir aboli la monarchie, Tito proclame, le 29 novembre 1945, la création de la République populaire fédérative de Yougoslavie. Il s'agit d'une fédération regroupant six Républiques (Serbie, Croatie, Slovénie, Bosnie-Herzégovine, Monténégro et Macédoine) conservant leur autonomie linguistique, mais placées sous l'autorité d'un gouvernement central.

Tito refuse de se soumettre aux ordres de Moscou. Exclu du Kominform par Staline (1948), il invente alors un nouveau modèle communiste : autogestionnaire à l'intérieur et non-aligné à l'extérieur. La déstalinisation conduit Tito à se réconcilier en 1955 avec l'URSS de Khrouchtchev, mais il anime, avec Nehru et Nasser, le mouvement des non-alignés. Il condamne d'ailleurs en 1968 l'invasion soviétique de la Tchécoslovaquie. La libéralisation de l'économie à partir de 1965 fait de la Yougoslavie un pays prospère, à l'abri de la misère.

Malgré une large décentralisation du pouvoir politique vers les Républiques, des revendications nationalistes apparaissent, aussitôt réprimées par l'armée fédérale. Tant que Tito vit, la Yougoslavie parvient à conserver son unité. Mais lorsqu'il meurt en 1980, les nationalismes se réveillent. L'éclatement de la Yougoslavie a lieu en 1991, déclenchant une guerre civile au cœur de l'Europe.

Charles Trenet
(né en 1913)

« Y a d'la joie, bonjour bonjour les hirondelles. »

« Le fou, le fou, le fou » réclame le public parisien en 1937. Vêtu d'une veste écarlate, d'un pantalon blanc et d'un canotier, Trenet écarquille ses grands yeux, sautille dans les airs et fait danser le Tout-Paris. Impétueux, excentrique et débordant d'énergie, le fou chantant est un des grands de la chanson française.

Charles Trenet a tout juste vingt ans quand il quitte Narbonne pour Paris. Il trouve assez vite un emploi d'accessoiriste. Noceur accompli, il hante les nuits parisiennes et rencontre Artaud, Vlaminck, Picasso. Charles écrit des poèmes et devient en 1933 le plus jeune auteur de la SACEM. C'est en écoutant le pianiste Johnny Hess qu'il décide de s'associer avec lui. Ces deux jeunes gens, tirés à quatre épingles, n'ont aucune expérience de la scène mais séduisent le public par leur vivacité. En 1934 et 1935, les deux compères composent pas moins de trente titres dont *Rendez-vous sous la pluie* enregistré avec la voix de Jean Sablon. Le service militaire sépare les deux amis et, sur les conseils de Raoul Breton, Charles Trenet entame une carrière en solo.

Militaire, Charles compose *Y a d'la joie* (1936). Par l'entremise de Mistinguett, cette chanson parvient à Maurice Chevalier qui le prend pour un fou (encore un !) et consent, à contrecœur, à l'interpréter. C'est un triomphe. Trenet part en tournée à Marseille où le public se bouscule pour le voir. Le poète Jean Cocteau est de ceux-là. Sur scène, Trenet ne tient pas en place. Il électrise le public. Charles savoure sa gloire sans savoir qu'il est au commencement de sa carrière. Compositeur acharné, il multiplie les titres avec un sens du rythme et une poésie inégalables (*Je chante*, 1937, *Miss Emily*, 1937, *Boum*, 1939).

Pendant l'Occupation, Trenet est contraint de chanter en Allemagne pour les prisonniers. Il en garde un souvenir amer. Alors, il compose *Douce France* dont l'ironie échappe aux autorités de Vichy. À la Libération, Trenet fait sa rentrée sur la scène internationale : le Brésil, le Canada et surtout les États-Unis où il triomphe avec *la Mer* (1941). Les années 50 lui sont acquises. Il chante à Bobino, à l'Olympia... Trenet cultive son jardin extraordinaire jusque dans les années 60. À cette date, il se sent désorienté par l'arrivée de nouveaux styles musicaux (rock and roll, yé-yé). En 1970, Trenet remonte sur les planches de l'Olympia avec la reprise de son répertoire et de nouveaux titres comme *Fidèle* (1971). Trenet n'a pas changé, son public le considère toujours comme le roi du music-hall. Douloureusement atteint par la mort de sa mère, il lui dédie une chanson (*Que veux-tu que je te dise maman*, 1981).

À quatre-vingts ans et des poussières, Trenet n'a pas perdu de sa verve et de son énergie. Il est le maître incontesté, celui dont la plupart des chanteurs se réclament (Gainsbourg, Nougaro, Duteil...).

François Truffaut
(1932-1984)

« Les films sont plus harmonieux que la vie. »

Les Quatre Cents Coups (1959), *Jules et Jim* (1961), *la Nuit américaine* (1973) *le Dernier Métro* (1980) : François Truffaut est le fer de lance de la Nouvelle Vague. Il est le metteur en scène et l'ami des plus grandes stars, Jeanne Moreau, Catherine Deneuve, Fanny Ardant... Il est à l'origine d'un nouveau cinéma, proche de la réalité et du quotidien des spectateurs.

La vie de François Truffaut est d'emblée romanesque. Une enfance solitaire et malheureuse auprès de parents hostiles. Lecteur fébrile, spectateur ébloui, il voit des centaines de films. À seize ans, il fonde un ciné-club et s'endette. C'est la rupture avec les parents, le centre de redressement, la prison militaire. La personnalité fiévreuse de Truffaut intrigue et séduit Genet, Cocteau et surtout André Bazin qui l'accueille aux *Cahiers du cinéma*.

Très vite, le jeune autodidacte devient le critique vedette des années 50. Il rencontre les maîtres qu'il admire : Renoir, Ophuls, Rossellini, Hitchcock. La compagnie de ces cinéastes l'aide à supporter la solitude. La vie de François Truffaut est une source féconde pour son cinéma. Dès *les Quatre Cents Coups* le cinéaste réinvente le récit de ses origines à travers le personnage d'Antoine Doinel. Le succès des *Quatre Cents Coups* est considérable : un demi-million de Français voient le film à sa sortie.

La Nouvelle Vague exprime le besoin de changement qui anime la société française et surtout la jeunesse qui s'ennuie. C'est une bouffée d'air frais, en rupture avec le cinéma traditionnel, (René Clair ou Claude Autant-Lara). *Les Quatre Cents Coups*, primés à Cannes en 1959, sont un manifeste du nouveau cinéma. Celui-ci met en jeu des techniques nouvelles comme l'emploi d'une pellicule plus rapide et de caméras plus légères, le tournage en extérieur. La Nouvelle Vague fait la part belle au hasard, à l'imprévu du tournage, aux réactions spontanées d'acteurs inconnus. Pas une théorie, ni une école mais une nouvelle sensibilité.

Une casquette à carreaux enfoncée jusqu'aux oreilles, Jeanne Moreau rit, chante à tue-tête le *Tourbillon de la vie* dans *Jules et Jim* (1961). La belle et insoumise Jeanne aime deux hommes à la fois. Le film lui doit son insolente ardeur, son éternelle fraîcheur. Le cinéaste signe, à vingt-sept ans, un chef-d'œuvre, un hymne à la vie. François Truffaut reste jusqu'à sa mort, en 1984, le peintre de la passion, des hommes fragiles et du désir des femmes.

Boris Vian
(1920-1959)

« Allez, vilains forgeurs de pièces édifiantes,
Hannetons lourds de vos vers blancs, tous décampez !
Car de l'esprit volant je ne suis que la fiente,
Mais je tombe de haut tandis que vous rampez. »

Le 23 juin 1959, un homme s'effondre dans les travées du cinéma Marbœuf. Venu assister à la première de *J'irai cracher sur vos tombes*, une adaptation de son roman, Boris Vian vient de succomber à une crise cardiaque. Une fin théâtrale, digne d'une existence légendaire. À la fois pilier des nuits de Saint-Germain-des-Prés, poète, trompettiste, ingénieur et antimilitariste, Boris Vian entre dans l'éternité comme un génial touche-à-tout, drôle et émouvant.

Dilué dans de multiples rôles, il a paradoxalement essayé de révéler la vérité sur une époque, sur toute une génération d'artistes réfugiés dans les caves de Saint-Germain-des-Prés. Sans doute parce que le masque est parfois l'instrument privilégié de la vérité, il utilise plusieurs identités : une anagramme, Bison Ravi, et un pseudonyme, Vernon Sullivan. C'est sous le nom de Sullivan qu'il connaît la célébrité avec *J'irai cracher sur vos tombes* (1946), alors que les romans signés Boris Vian, notamment *L'Écume des jours* (1947), restent ignorés, sauf des pataphysiciens, mouvement artistique prônant l'humour décalé.

J'irai cracher sur vos tombes attire l'attention avec son titre tapageur. La presse s'en empare alors qu'il fait déjà l'objet de poursuites judiciaires pour pornographie. C'est un énorme succès. Près de cinq cent mille exemplaires en quatorze mois. Vian-Sullivan traîne désormais avec lui la réputation d'auteur sulfureux. Il n'avoue en être l'auteur qu'en 1948 ; le roman est interdit en 1949.

De toutes les activités de Vian, deux lui paraissaient essentielles : son travail de musicien et celui de romancier. Un concert donné par Duke Ellington lui révèle le jazz. Fou de trompette, il écrit avec son grand ami Henri Salvador les tout premiers rock'n'roll français en 1955.

Âme de Saint-Germain-des-Prés dans les années 50, il symbolise le moment de gloire de ce quartier : dans les caves, on se retrouve entre amis, on danse sur des rythmes effrénés et Boris est de toutes les soirées. Il incarne cette génération : ce sont « les années Vian ». Anticonformiste, Vian reste viscéralement antimilitariste : *le Déserteur*, écrite à l'époque de la guerre d'Indochine, est devenue un classique de la chanson gauchiste. Cette veine provocatrice trouve un écho notamment chez Serge Gainsbourg.

Lech Walesa
(né en 1943)

« Nous sommes des syndicalistes
mais aussi des Polonais. »

Symbole de la résistance au pouvoir communiste avec le syndicat Solidarnosc, catholique pratiquant, Lech Walesa est l'artisan de la démocratie en Pologne.

D'un milieu catholique populaire, Lech Walesa est un homme de caractère. Cet ouvrier électricien ne se contente pas de participer aux grèves, il les organise. En 1970, son rôle est considérable lors des émeutes sanglantes de la Baltique. En 1980, alors chômeur, Lech Walesa profite d'un mécontentement des ouvriers sur les chantiers de Gdansk pour organiser une gigantesque grève. Catalyseur des foules et admirable négociateur, il parvient le 31 août 1980 à faire signer les accords de Gdansk. Ceux-ci entérinent le droit de grève et l'existence des syndicats. Quelques semaines après, le président en place, Edward Gierek est destitué. En un tour de main, Lech Walesa est devenu l'homme le plus populaire du pays.

En 1981, Lech Walesa est élu président de Solidarnosc, c'est le premier syndicat d'un régime communiste. Mais le pouvoir communiste ne l'entend pas de cette oreille. Dès lors s'engage un rude combat entre Lech Walesa, soutenu par des milliers de militants, et le gouvernement. Le nouveau président, le général Jaruzelski, prend la direction d'une junte militaire et proclame l'état de guerre. Walesa est aussitôt arrêté et mis en résidence surveillée jusqu'en 1982. Solidarnosc, qui était entrée en clandestinité, n'a rien perdu de sa puissance et de sa légitimité. Ce mouvement qui repose sur une alliance des ouvriers et des intellectuels est toujours un formidable écho de l'opposition au pouvoir.

En 1983, le pape Jean Paul II se rend en Pologne et soutient, à grand renfort de manifestations, son ami fervent catholique. Cette même année, Lech Walesa reçoit le prix Nobel de la paix : c'est là un formidable enjeu politique. Les puissances occidentales essayent par ce geste de faire chuter le régime communiste. Le pouvoir est comme pris au piège mais ne cède pas. Il faudra attendre le 9 décembre 1990 pour que Lech Walesa soit élu président de la République au suffrage universel. Il conduit son pays vers la démocratie mais se trouve confronté une réalité sévère. La Pologne n'est pas prête à passer brutalement d'une économie planifiée à une économie de marché. Il doit laisser la place à Aleksander Kwasniewski, un ancien communiste, lors des élections présidentielles de 1995.

Andy Warhol
(1930-1987)

*« Bientôt tout le monde aura son quart d'heure
de célébrité. »*

Andy Warhol est une œuvre à lui tout seul, démesurée et scandaleuse. Peintre, dessinateur et publicitaire, ce touche-à-tout choisit la provocation comme
mode artistique. Il intègre des bouteilles de Coca-
Cola dans ses tableaux, multiplie le visage de Marilyn
Monroe, utilise et dénonce la société de consommation. Andy Warhol est le chef de file du pop art, celui
dont aujourd'hui l'Amérique se réclame.

Il débute sa carrière comme dessinateur pour des
publicités. Ses premiers tableaux sont fortement
influencés par la bande dessinée (*Popeye*). Héritier de
Marcel Duchamp (*La Pissotière*), Andy Warhol entend
mettre en scène le *ready-made* (le « déjà fait »). Contre
l'abstraction, il offre aux objets une place de choix.
Il s'agira toujours d'objets manufacturés, de produits
réalisés en série. Le pop art puise son inspiration
dans la vie quotidienne, l'imagerie urbaine.

En 1962, Warhol s'impose sur le marché de l'art en
intégrant une boîte de soupe Campbell et un billet de
un dollar dans ses tableaux. Cette démarche originale
se veut une critique des valeurs américaines et pose
la condamnation de la société de consommation.
Warhol incarne aux yeux de tous l'Amérique contes-
tataire et révoltée. La personnalité du peintre est
difficile à cerner. C'est un personnage équivoque. Il
critique la consommation mais pousse son art jusqu'à
en faire un produit, vendu à plus de quatre millions

de dollars et n'hésite pas à déclarer « *Art is money* » (« l'art c'est de l'argent »).

Prophétique, paradoxal et mouvementé, Andy Warhol est d'abord un inventeur. Il est à l'origine du procédé de la répétition et de la photographie sérigraphiée. Il reproduit des visages aux couleurs criardes (*Marilyn Monroe*, 1962, *Elvis Presley*, 1965, *President Mao*, 1973) en les déclinant à l'infini. Warhol est une icône vivante. Ses tableaux font le tour du monde et se vendent aujourd'hui à des prix exorbitants.

À partir de 1965, il abandonne la peinture pour se consacrer au cinéma (*Chelsea Girls*) et produit les films de son ami et disciple Paul Morissey.

John Wayne
(1907-1979)

« C'est pour ton bien, petit... »

Dans le paysage grandiose des canyons américains, un homme arrête une diligence. Debout, il tient
sa selle sur le bras gauche et, de la main droite, fait
un rapide moulinet avec sa Winchester. C'est Ringo
Kid, alias John Wayne, dans *la Chevauchée fantastique*. Il est *le* cow-boy des westerns, la légende du
Far West sur pellicule.

Né Marion Morrison, le jeune Wayne, élevé dans
une petite ferme de Californie, déteste les chevaux.
Une aversion qui lui restera toute sa vie. Après avoir
usé ses fonds de culottes sur les bancs de l'université,
il prend des cours d'art dramatique où il joue Shakespeare. Machiniste sur les plateaux de la Fox, il est
repéré par Raoul Walsh qui le fait tourner dans un
western, *la Piste des géants* (1930). Malheureusement,
ce film est un échec cuisant, et les difficultés économiques liées à la crise de 1929 renvoient Wayne au
purgatoire. Viré des majors hollywoodiennes, il vit de
petits rôles dans des séries B. Il y rencontre Yakima
Canutt, brillant cascadeur (réalisateur de la course
de chars de *Ben-Hur*) qui lui apprend le métier de
cow-boy : comment se battre et monter à cheval.

Quelques années plus tard, John Ford donne sa
chance à John dans *la Chevauchée fantastique*
(1939). Le mythe Wayne part de ce chef-d'œuvre où il
n'est pas encore une star, mais un quasi inconnu qui
impose une présence, une force. À côté de cette puissance, Wayne bouge « comme un gros chat » avec une

souplesse et une grâce de danseur. C'est le début d'une carrière exceptionnelle. Il devient la star de l'après-guerre. Dans *la Rivière rouge* (1948), Howard Hawks fait de lui un personnage plus vieux que son âge, bourru, autoritaire mais profondément humain. Un chef dur parfois injuste mais au grand cœur. Tel sera John Wayne notamment dans *le Massacre de Fort Apache* (1948), *la Prisonnière du désert* (1956) et *Rio Bravo* (1959). Il incarne l'Amérique des pionniers, les valeurs patriotiques et un idéal de justice qui passe par le recours à la violence.

Porte-drapeau de la nation américaine à l'écran, John Wayne devient le fer de lance du maccarthysme à Hollywood au début des années 50. Viscéralement anticommuniste, il prend la direction de la Motion Picture Alliance, organisme chargé de chasser les « rouges » du cinéma américain. Son engagement politique à l'extrême droite le conduit à exalter le courage des commandos dans *les Bérets verts* (1968). Deuxième film après *Alamo* (1960), où Wayne passe derrière la caméra.

Don Siegel lui donne son ultime rôle dans *le Dernier des Géants* (1976) où il joue un héros fatigué, atteint par la maladie. Illustration de sa déchéance ou pied de nez ironique à sa propre légende ? Au-delà de sa mort, le plus populaire des acteurs de western demeure, pour toute une génération, le dernier des cow-boys.

Orson Welles
(1915-1985)

« *Ce géant au regard enfantin.* »
Jean Cocteau

Le 30 octobre 1938, Orson Welles déclenche une
panique collective aux États-Unis lorsqu'il annonce
sur les ondes une invasion de Martiens. Ce canular,
inspiré du roman *la Guerre des mondes* de H.G.
Wells, lui vaut de signer un contrat avec la RKO, une
des grandes Majors qui lui donne carte blanche pour
un film. Welles, qui est âgé de vingt-cinq ans, n'a
jamais touché une caméra de sa vie. Il réalise *Citizen
Kane* (1941). Pour un coup d'essai, c'est un coup de
génie. L'un des plus grands cinéastes de tous les
temps vient de naître.

Élevé par une mère pianiste et un père industriel,
le jeune Welles interprète et dirige une trentaines de
pièces dans une école privée. Acteur de théâtre, il
fonde en 1937 la compagnie du Mercury Theatre à
New York et met en scène William Shakespeare.

Après avoir manipulé les ondes, il dynamite
l'écran. *Citizen Kane* ne ressemble à rien de connu,
c'est un météore dans l'histoire du cinéma. Le film
s'ouvre sur la mort de Charles Foster Kane, magnat de
la presse. Un journaliste enquête sur son passé avec,
pour seul indice, son dernier mot prononcé : « *Rose-
bud* » (« bouton de rose »). Ce film est inspiré de la vie
de William Randolph Hearst, grand patron de presse.
Welles a modifié toutes les composantes de la mise en
scène cinématographique : effets spéciaux, jeux de
lumière, cadrages grand angle. Emblème de l'artiste

démiurge, à la fois réalisateur, scénariste, interprète principal et producteur, Welles rompt avec les codes formels et crée le cinéma moderne.

Avec *la Splendeur des Amberson* (1942), *la Dame de Shanghai* (1948), Welles renoue avec Griffith et le cinéma muet. En 1943, il épouse l'actrice plantureuse Rita Hayworth. Mais Hollywood refuse que celle-ci joue dans *la Dame de Shanghai* (1948). Résultat, ce film est un échec commercial cinglant ; Welles devient l'enfant maudit d'Hollywood. Welles s'en va en Europe finir sa trilogie shakespearienne avec *Macbeth* (1948) *Othello* (1952) et *Falstaff* (1966). Ses profondeurs de champ, ses plongées et contre-plongées, ses décadrages, lui valent la considération des professionnels ; en témoigne *la Soif du mal* (1958) que Welles réalise à la demande expresse de Charlton Heston, vedette du film.

Il adapte *le Procès* de Kafka en 1962. La méfiance des producteurs, renforcée par l'incompréhension du public, le contraint à l'inactivité, faute de moyens financiers. Peut-être est-ce pour cela qu'il aborde chaque film comme s'il était son premier, avec l'émerveillement d'un enfant qui découvre le cinéma. Un monstre sacré du septième art disparaît en 1985.

Achevé d'imprimer en octobre 1999
sur les presses de l'imprimerie Hérissey à Évreux (Eure)
pour le compte des Éditions France Loisirs

Imprimé en France

Dépôt légal : octobre 1999